Peter Spangenberg

Wenn Kleine große Fragen stellen
Mit Kindern glauben lernen

W0052716

Inhalt

Seine Freunde hatten Jesus gefragt, wer bei Gott ganz obenan stünde.

Da hat er ein Kind zu sich heran gewinkt und mitten in den Kreis seiner Freunde gestellt. Gleichnishaft sagte er: Wenn ihr euch nicht radikal besinnt und die Kleinheit, das Staunen und die Dankbarkeit eines Kindes begreift, werdet ihr nie in Gottes Nähe kommen.

Wer dann in seiner vermeintlichen Größe wieder zum Kind wird, der findet zur eigentlichen Würde vor Gott. Mehr noch: Wer ein solches Kind in sein Herz schließt und dies für mich tut, der schließt mich in sein Herz. Passt auf, dass ihr keins dieser Kleinen vernachlässigt. Denn das sage ich euch: Gott hat immer ein Auge auf sie.

(Nach Matthäus 18, 1–5. 10–14
Nach Lukas 15, 3–7)

Sprache der Kinder

Wenn Kinder fragen, dann fragen sie sich aus ihrer Haut heraus und in die Welt hinein. Neugier und Wissensdurst scheinen unersättlich. Kinder mögen Geheimnisse und gleichzeitig wollen sie sie lüften. Das macht uns Erwachsenen oft schwer zu schaffen. Denn mit dem Erwachsen- und Älterwerden geht es uns im Unterschied zu den Kindern anders: Wir mögen keine Geheimnisse und haben gleichzeitig gelernt, sie zu hüten. Bis zur Aufdringlichkeit gehen dagegen die Fragen der Kinder, bringen uns in Verlegenheit und schaffen uns gleichzeitig Gelegenheit. Am Schnittpunkt von beidem müssen wir uns entscheiden: Will ich antworten? Muss ich antworten? In praktischen Alltagsfragen ist das oft relativ einfach. Wenn mein Kind wissen will, wie der Pudding gemacht wird, kann ich schnell und sachlich antworten, vorausgesetzt ich selber weiß, wie der Pudding gemacht wird.

Wenn mein Kind Kompliziertes wissen will, kann ich mich mit Teilantworten begnügen. Ich kann auch um Aufschub bitten, um mich erst kundig zu machen. Mit einem Schulkind kann ich mich auch gemeinsam über ein Nachschlagewerk beugen. Im äußersten Fall kann ich das Kind auch an einen anderen Menschen verweisen, dem ich die Kompetenz zutraue oder die Erfahrung. Ich kann also Antwort-Paten berufen, nur für die Zeit dieser einen Frage. Ich brauche dann auch keine Angst vor Autoritätsverlust oder Vertrauensverlust zu haben. Darüber hinaus gibt es in Familie, Kindergarten, Nachbarschaft und Schule viele Menschen, die ohnehin ständig als Mit-Antworter auf die Fragen unserer Kinder wirken, oft nicht einmal zu unserer Freude, weil wir zuweilen fürchten und auch erleben, unser Kind könnte eine falsche oder gar gefährliche oder zerstörerische Antwort bekommen.

Wenn mein Kind mir wichtig ist, das heißt, wenn ich es zu seinen Gunsten liebe, also beschenken will mit dem Sinn des Lebens, mit der Freiheit, ein Mensch zu sein, dann werde ich mir mit meinen Antworten auf seine Fragen mindestens so viel Mühe geben wie mit der Nahrung als Antwort auf seinen Hunger, mit dem Getränk auf seinen Durst, mit der Kleidung auf seine Nacktheit und mit dem Zuhause auf seine Unbehaustheit.

Der Einfallsreichtum und die Bereitschaft zur Mühsal grenzen in allen diesen Bereichen oft ans Fantastische, werden auch ebenso oft übertrieben. Aber immerhin: Im Nestbau und im Lernprozess des Alltags sind die Erwachsenen den Kindern gegenüber vorbildlich. Zu manchen Zeiten ging das so weit, dass man die Kinder wie zu kurz geratene Erwachsene behandelte, indem man die lieben Kleinen in Erwachsenenkostüme presste, mit ihnen die Gepflogenheiten der Erwachsenen einübte und stolz darauf war, wenn die Kinder den Absprachen der Großen entsprachen, sodass man sich mit ihnen sehen lassen konnte. Je mehr ein Kind die Welt der Erwachsenen beherrschte, desto mehr konnte man es bewundern und erntete selber vom Erfolg. In dem Maß, wie das Kind den Erwartungen und Maßstäben der Erwachsenen nicht entsprach oder sich sogar verweigerte, wurde es für dumm erklärt, abgeschrieben, bestraft und gezüchtigt.

Wir wissen heute, dass das Kind seine ureigenen Lebens- und Erlebnisräume braucht, um sich entwickeln zu können. Bei der Entdeckung solcher Räume können wir helfen, unter Umständen wegweisend helfen. Aber der Erwachsene erliegt oft der Gefahr, sein Kind so haben zu wollen, wie es seinen Vorstellungen entspricht, nicht aber ihm zu helfen, sich wirklich eigenständig zu entwickeln. Wenn ich ein Kind liebe, werde ich mich jenseits aller Alltäglichkeiten und auch wieder mitten in ihnen einer mühseligen, doppelten und faszinierenden Aufgabe unterziehen: Ich will das Kind verstehen! Das bedeutet, dass ich mich ihm gegenüber verstehbar machen muss: mich öffnen, mich mit-teilen, mich durchschaubar machen und mit mir meine Denkwelt und Ideenräume, meine Gefühlswelt und meine Erlebnisräume. War man früher noch der Meinung, dies alles ginge das Kind *nichts* an, so wissen wir heute, dies alles geht das Kind *alles* an. Die Frage ist nur die nach dem Zeitpunkt und nach dem Maß. An diesem Punkt wartet die zweite Aufgabe: dem Kind helfen, dass es sich mir öffnet, sich mir mitteilt, sich mir durchschaubar macht, mir seine Denk- und Ideenwelt, seine Gefühls- und Erlebnisräume entdeckt. Seine und meine Räume, wie ich es einmal nennen möchte, sind nicht unbedingt kleiner oder größer, sie sind zunächst nur anders, auch anders in der Bedeutung, in der Intensität, anders in der Ursprünglichkeit und auch Vorläufigkeit. Ich muss das als Erwachsener lernen wollen und es ist dann keine Verführung zur Kindlichkeit oder gar zum Kindischen, sondern der Weg zu Neuem. Nicht dass ich mit dem Kind Kind spiele, sondern dass ich mit dem Kind Ernst mache, weil ich es ernst nehme. Ich komme als Erwachsener aus der Haltung von oben nach unten heraus, ich sehe nicht herab trotz des Größenunterschieds. Ich komme aus den zwanghaften Rollen des Besserwissers und Alleskönners heraus und finde vielleicht zu einem Weg des Mehrwissers und Mancheskönners. Auf der Grundlage von Liebe und Vertrauen entfallen dann Machtkämpfe zwischen Kind und Erwachsenen. Eine solche Einsicht führt sehr bald zu Anerkennung und gegenseitigem Respekt.

Der Machtentfall ist ein Schlüssel zur Lösung. Mitten in diesem Prozess bleibt etwas Wichtiges erhalten: das Geheimnis des jeweils anderen, mit einem alten Begriff: der keusche

Respekt, also die Würdigung der Person. Wenn ich mein Kind liebe, werde ich seine Hoheit achten und ihm alle Wege ebnen, auch meine Hoheit würdigen zu können: den Anspruch auf das Ich, auf das Eigenleben, verbunden mit dem Verzicht auf gegenseitige Ausbeutung. Das alles ist schwer, weil es ständig neu ausgehandelt werden muss, neu abgesprochen, weil wir uns beide ständig verändern, das Kind und ich.

Ich werde nicht ohne Konflikt auskommen, wir leben ja glücklicherweise nicht unter einer sterilen Glocke. Welt und Umwelt können uns viel anhaben, können uns auch um vieles bereichern. Aber auf diesem Weg werde ich die gegenseitige Versklavung vermeiden, jenen Vorgang, unter dem viele Kinder und Erwachsene so leiden, umso mehr leiden, je mehr dies unter dem Deckmantel der Liebe zu einer Affenliebe wird, wie wir es nennen.

Wenn ich mein Kind liebe, werde ich unter allen genannten Voraussetzungen auch seine vermeintlichen Schwächen in meine Beziehung zu ihm einordnen. Wer entscheidet denn überhaupt, was Schwäche ist oder gar Defizit?!

Der Leisten, über den alles und jedermann gewöhnlich geschlagen wird, wird immer nur von den so genannten Starken und Mächtigen bestimmt und an der Leistung orientiert. Wenn da mein Kind nicht mithält, werde ich es doch nicht durchzwingen oder durchpeitschen wollen.

Wenn ich mein Kind liebe, werde ich es in seinen Eigenarten und Möglichkeiten behüten und fördern wollen. Und umgekehrt kann mein Kind dann auch meine vermeintlichen Schwächen einordnen. Ich brauche mich nicht zu schämen. Ich kann mir Blößen geben, ich kann nackt sein wie mein Kind auch. Ich kann zugeben, wie ich aussehe, und ich lerne eingestehen, wie es in mir aussieht.

Wir werden füreinander zu einem Spiegel, vor dem es keine Angst gibt.

Es macht mir Mühe, das alles stets zu bedenken, weil es

mir noch mehr Mühe macht, so zu leben. Denn es gibt mächtige Hindernisse. Hindernisse, die in meiner eigenen Erziehung begründet liegen. (Ich will darüber nachdenken.) Hindernisse, die meine Umwelt mit sich bringt. (Ich will darüber nachdenken.) Hindernisse, die sehr viel mit Zukunft und Perspektiven zu tun haben. (Ich will darüber nachdenken.)

Ich komme allerdings an den Punkt und zu dem Augenblick, wo ich die Tiefe des Jesus-Wortes erahne:

»Wenn ihr nicht werdet wie die Kinder…«

– Erkennen, wie klein ich bin.

– Begreifen, wie kostbar ich bin.

– Erleben, was staunen heißt.

– Tun, was Vertrauen ist.

– Fragen, was Sinn ist.

– Spüren, was Liebe bedeutet.

– Erfahren, was Wahrheit ist.

– Sich begnügen mit dem, was vorhanden ist.

– Mut haben, das Leben zu erfahren.

– Unbekümmert sein, sich Gott zu verdanken.

Als Erwachsener wurden mir viele dieser menschlichen Urinstinkte wegerzogen und abbefohlen. Auf dem Umweg über angebliche Logik und zwingenden Zweifel habe ich mehr und mehr verlernt, dass all das, was das Kind kann, wesentlich für das Leben ist.

Ich sehe kritisch, dass die Welt der Kinder selbst so nicht mehr ist. Warum? Das ist einfach zu beantworten:

Die angebliche Welt unserer Kinder ist längst ein Abbild der Erwachsenenwelt geworden. Insgesamt kann ich mich kaum dagegen wehren. Aber ich kann meinem Kind dazu verhelfen, das wirkliche Leben zu entdecken. Ich werde es damit nicht veruntüchtigen, wie manche glauben. Ich werde ihm vielmehr helfen können, Erlebniswerte anzusammeln, nicht kurzfristige Lustoptimierung, also nicht jene fragwürdigen, weil kurzatmigen Paradeausflüge, Jetreisen und Großgeschenke, sondern die Einübung in erlebbares Leben in seinen Höhen und Tiefen. Zu diesen Erlebniswerten gehören die Antworten, die das Kind auf seine Fragen bezieht.

Wenn ich mein Kind liebe, darf ich es ein weiteres Mal nicht wie einen lästigen Frager aus der Erwachsenenwelt behandeln. Einen solchen kann ich abwimmeln, abspeisen oder vertrösten auf den Sankt-Nimmerleins-Tag. Liebe erlaubt das nicht.

Wenn mein Kind sein Leben erlebt und erweitert, will es Bescheid wissen und zwar besonders von den Menschen, denen es vertraut. Da liegt meine Verantwortung. Dazu muss ich die Sprachwelt meines Kindes erkennen. Es geht nicht einfach nur um die Wörter, die es benutzt, sondern um ihren Inhalt und ihre Tragkürze, also um ihren Horizont.

Die Erlebnishorizonte des Kindes sind durchweg andere und anders als die der Erwachsenen, sie sind weniger geprägt von Analyse und Bedenken, sondern stark getragen von Bild, Traum, Leidenschaft und Tiefe. Es genügt keinesfalls, den Wortschatz des Kindes zu beherrschen, also kindlich sprechen zu können, es ist darüber hinaus sogar schlimm, wenn der Erwachsene sich herablässt, vielleicht sogar den Tonfall eines Kindes nachzuahmen, um kindlich zu wirken: »Na, wie geht's uns denn heute?«

Nein, wir Erwachsenen müssen die Sprachräume des Kindes aufsuchen, um uns in sie einzuleben, so schwer dies auch fällt. Dann aber werden wir erstaunliche Entdeckungen machen:

– Bei gleichen Wörtern sind Kindersprache und Erwachsenensprache wie Fremdsprachen füreinander. Das liegt an der Hintergrundprägung. Gut, wir können uns darüber einigen, was blau oder gelb ist, aber in dem Augenblick wird alles anders, wo wir an Begriffe kommen wie Ferien, Weihnachten, Leben, Geburtstagsfeier, Märchen, Tanzen, Singen, Spielen usw.

– Oder wir machen die Entdeckung, dass Kinderfragen völlig

andere Dimensionen haben. Das Kind fragt in Fingerhut-
größe und erwartet eine Antwort, die dazu passt. Kommt
meine Antwort in LKW-Größe, wird das Kind abschalten
und womöglich das Fragen aufgeben. Aber auch anders-
herum kann es schwierig werden, wenn nämlich das Kind
Kettenfragen stellt, nicht nur, um noch nicht ins Bett zu
müssen, sondern aus leidenschaftlicher Neugier. Wenn ich
solche Huckepackfragen dann mit einer Krümelantwort
abspeise, wird sich das Kind anderen Antwortgebern zuwenden.

So ist es also eine aufregende Sache, sich auf die Kindersprache und dann auch auf die Kinderwelt einzulassen. Trotz aller
Fehler, die mir dabei unterlaufen, wird genau das eintreten,
was ich mir erhoffe: vertrauensvolles Leben und gegenseitige
Bereicherung.

Im religiösen Lebensbereich wird alles vielleicht noch kri-
tischer, weil das Kind mich zu Erklärungen, ja sogar zu Be-
kenntnissen herausfordert, die mir schon in meiner Erwachsenensprache schwer fallen, weil vieles unausgesprochen,
unverarbeitet, tabu und unbewältigt blieb. So kommt es oft
dazu, dass Eltern – und nicht nur diese – sich an eigene alte
Kinderantworten erinnern, die sie für ihren eigenen Glau-
benshaushalt längst abgelegt haben, nun aber ihren Kindern
gewissermaßen servieren, weil sie spüren, wie wichtig das
Antwortgeben ist. Aber mir ist unwohl, meinem Kind sagen
zu müssen, was nicht meine Überzeugung ist, oder Wörter
zu benutzen, die nicht mehr meine sind. Und so gehen viele
Erwachsene dazu über, ihrem Kind »ehrlich«, wie sie meinen, zu sagen, dass sie nicht glauben.

Solche Erwachsenen machen sich nicht klar, was sie tun: Sie
behandeln nämlich in diesem Augenblick das Kind wie einen
reifen Partner, dem man alles zumuten kann. Das Kind aber
möchte vom Träger seines Vertrauens Antwort auf seine Frage
haben. Das ist etwas anderes als eine Antwort zur Person.

Wenn ich nun als Erwachsener dieses Interesse des Kindes wahrnehme und mich darum gekümmert habe, woher die Frage kommt, wohin sie zielt, welche Tragweite oder Tragkürze sie hat, welchen Wichtigkeitsgrad das Kind damit verbindet, werde ich mich selber fragen müssen:

Kann ich antworten? Will ich antworten? Muss ich antworten? Brauche ich Antworthilfe? Brauche ich Antwortpaten? Bitte ich das Kind um Aufschub? Will ich selber erst an der Frage arbeiten?

Der Autor des vorliegenden Buches war der Überzeugung, diese Denkanstöße seien zunächst wichtig, bevor wir uns nun an Fragestellungen von Kindern wagen. Als Verfasser der nachfolgenden kleinen Kapitel lade ich die Leser ein, auf Entdeckungsreise zu gehen. Wer mitkommen will, muss allerdings wie bei einer Exkursion innerlich vieles an überflüssigem Gepäck ablegen. Sonst lohnt der Aufbruch nicht und man macht bald schlapp.

Machen wir uns also daran, Quellen aufzusuchen, die für das Leben der Kinder wesentlich sind.

Mein Kind, bevor der Tag zu Ende geht
Und alle seine Kräfte dieser Nacht vertraut –
Mein Kind, bevor der Tag zu Ende geht,
    möcht ich dir sagen, dass auch ich einst klein war
und damals staunen lernte und viel fragen.
Ich wollte wissen, wie die Welt entstand,
aus welchen Feuerbällen sie erwuchs.
Und wissen wollt' ich viel vom Leben,
und auch vom Tod, das weiß ich noch genau.
Ich fragte damals, wie die Fische reden,
und ob die Blumen wirklich weinen können:

Ich staunte über Vaters große Hände
und fand sie oft bedrohlich, nein, nicht oft.
Ich staunte über Mutters leises Lächeln,
denn sie sah einfach alles, durch und durch.
Ich fragte auch, ob Sterne mal verlöschen.
Ich staunte jährlich über neuen Schnee.
Ich hatte Angst und liebte kleine Kerzen,
und meine Tiere waren meine ganze Welt.
In meinen Büchern fand ich meine Märchen.
Ich habe oft gesungen, was der Tag mir gab.
Und Lachen liebte ich besonders, immer,
und übrigens – ich betete sehr oft und gern.
Mein Kind, bevor der Tag zu Ende geht
und alle seine Kräfte dieser Nacht vertraut,
bevor du schläfst und dich auf morgen freust,
muss ich dir schnell noch sagen, was zu sagen ist.

Denn heute will ich wissen, ob die Welt besteht,
und welchen Feuerbällen sie entgehen kann.
Ich will auch heute viel vom Leben wissen.
Vom Tod weiß ich inzwischen reichlich viel.
Ich frage heute, wie die Menschen reden.
Und ob sie wirklich manchmal weinen können?
Ich finde vieles so bedrohlich, ja sehr oft.
Ich staune dann, weil du jetzt leise lächelst.
Vielleicht sehn Kinder alles durch und durch.
Doch frage ich, ob unsre Erde einst verlischt?
Ich habe Angst und liebe stets noch kleine Kerzen.
Nur ein paar Menschen sind noch meine ganze Welt.
In meinen Büchern lese ich jetzt nicht mehr Märchen.
Ich singe selten, was der Tag mir gab.
Ich möchte wieder lachen lernen, immer,
und übrigens – das Beten hab' ich nicht verlernt.
Mein Kind, bevor der Tag zu Ende geht
und alle seine Kräfte dieser Nacht vertraut …
Was ist? Du schläfst ja schon! Auch gut.
Dann will ich wachen über deinen Träumen.

Nimm die gute Herausforderung des Glaubens an; lass dir aus Gottes Hand Leben schenken; denn das ist deine Bestimmung.

(1. Timotheus 6, 12)

Gottes Wesen ist die Liebe; wer in Gottes Liebe lebt, der lebt mit Gott und Gott in ihm.

(1. Johannes 4, 16)

Unser Glaube ist die Kraft Gottes, die die Unmenschlichkeit der Welt besiegt hat.

(1. Johannes 5, 4)

Glaube

In die Frage »Glaubst Du?« mündet alles, was mit Gottesbeziehung, Innerlichkeit, religiöser Überzeugung und Frömmigkeit zu tun hat.

Wenn ich mein Kind liebe, stelle ich mich dieser Frage. Schnelle Antworten bieten sich an: Natürlich! Weißt du doch! Merkst du doch! Ist doch klar! Es kann sein, dass diese schnelle positive Antwort genügt.

Negativantworten bieten sich genauso an: Weiß ich nicht! Nein! Ist doch alles Quatsch! Ich muss aber himmlisch aufpassen, weil ich mit solchen Antworten mein Kind tief verwunden kann. Schnelle Ehrlichkeit, wie sie unter Erwachsenen möglich ist, kann beim Kind Abschürfungen an der Seele oder tiefe Schäden im »Haushalt des Herzens« anrichten.

Wieder einmal stehe ich vor der Aufgabe zu orten, woher die Frage beim Kind kommt. Weiß ich das oder gelingt mir das, muss ich auch hier überlegen, wo mich diese Frage selber trifft und betrifft.

Das Wort *glauben* leidet unter einer Überbelastung aus der Vergangenheit:

– Es wurde oft mit blinder Hingabe verwechselt. Augen zu und durch!
– Es wurde oft gegen die Vernunft ausgespielt.
– Das Wort roch und riecht auch oft nach Abhängigkeit, Unmündigkeit und Sklavenhaltung.
– Glaubende unterlagen häufig dem Verdacht, einfach nur dumm zu sein.

- Glaube wurde oft nur am Ende des Wissens eingesetzt: Wo ich nicht mehr weiter weiß, fängt mein Glaube an.
- Glaube riecht häufig nach Ideologie und Fanatismus und ist mir vielleicht unsympathisch, weil ich Leute kenne, die selbstgerecht und selbstsicher andere verurteilen.
- Oft wird Glaube auch mit den vergangenen und gegenwärtigen Verketzerungen, Folterungen, Verdächtigungen und Kriegen in Zusammenhang gebracht.

Erkenne ich mich teilweise oder ganz in einem solchen Spiegel, dann habe ich es schwer, meinem Kind zu antworten. Dann müsste ich nämlich Ausräumungsarbeit in mir selbst leisten. Merke ich dagegen, dass mir der Glaube fremd ist, weil ich ihn so einordne, wie die wenigen Zeilen es andeuten, habe ich es auch schwer, meinem Kind zu antworten, weil ich dann Aufbauarbeit in mir leisten muss.

So oder so, vielleicht helfen einige Gedanken, wie man nicht nur das Wort Glaube, sondern auch seine Inhalte entdecken kann, um Kindern verantwortlich antworten zu können.

Mit dem Glauben ist es ähnlich wie mit der Liebe: Er ist wie eine Strömung im Menschen, wie ein Bedarf, wie ein Urinstinkt, wie heimliche Sehnsucht, restloses Vertrauen, bedingungslose Hingabe, ungeschützte Preisgabe, verbunden mit Leidenschaft, Kühnheit, Hemmungslosigkeit und Keuschheit.

So wenig ich wirkliche Liebe machen, kaufen, bestellen, überprüfen oder beweisen kann, so wenig kann ich den Glauben fordern, herstellen, überprüfen oder beweisen. Das Wesen des Glaubens ist das Geschenk. Glauben selbst ist Geschenk und der Glaubende wird zum Geschenk.

Genau auf diesen Punkt spricht Jesus von Nazaret die Menschen an und das Neue Testament nimmt immer wieder diese Grundstruktur des Glaubens auf. Ich kann als Mensch den Glauben verhindern, ich kann ihn verweigern, wie ich ein Geschenk ausschlagen kann. Ich kann ihn auch verwässern und missbrauchen, wenn ich ihn zur Ideologie oder Religion herabwürdige, wenn ich ihn also einpresse in menschliche Lehrgebäude und dogmatische Abläufe. Denn wenn diese sich verselbstständigen, werden sie gefährlich und ihre Vertreter werden zu Fanatikern.

Glaube bedeutet eigentlich das Aufblühen des Menschen in seiner Urbeziehung zu Gott und dann verbreitet dieser Glaube das wohltuende Klima der Geborgenheit und die Erkenntnis vom Sinn des Lebens. Natürlich braucht der Glaube auch seine Sprache, seine Melodien, seine Bewegungen, seine Räume. Aber sie sind buchstäblich zweitrangig. Vorrangig und erst-rangig bleibt in diesem Glauben der befreiende und liebende Gott in allen seinen Wundern und in seinem Glanz.

Dieser freie, weil befreiende Glaube nimmt dann alle Kräfte des Menschen in Schutz und in Dienst. Das Leben bekommt dadurch eine unendliche Erweiterung und Vertiefung, weil es bewusst eingebettet wird in Dankbarkeit und Hoffnung einerseits, in Liebe und Verantwortung andererseits. Glaube ist damit die ausdrucksvolle Rückantwort des Menschen auf die Vorgaben Gottes. Damit wird der Glaube zum Navigator aller meiner Kräfte und leitet sie in Bahnen zugunsten des Lebens.

Jesus hat einmal gesagt: »*Ich bin der Weg und die Wahrheit und das Leben; niemand kommt zum Vater denn durch mich.*« Hier also liegt die Anlaufstelle für Menschen, die glauben lernen und üben wollen.

Wenn ich bis hierhin in meinen Gedanken gekommen bin und die Ausgangsfrage meines Kindes mir wieder in Erinnerung rufe, bin ich längst in der Lage, aus meinem Erkenntnisbestand zu erzählen. Ich kann kleine Geschichten vorlesen aus Kinderbibel oder Kirchengeschichte, oder ich kann Menschen einbeziehen in die Beantwortung der Frage. Aber mein

Kind wollte eigentlich wissen, ob *ich* glaube, diesmal also fragt es nach meiner Person, richtig in mich hinein.

Mein Kind, ich habe dich lieb. Du hast mich lieb. Das wissen wir beide und wir finden es schön und beruhigend. Wir brauchen das, um zu leben. An jedem Tag müssen wir uns das klar machen, weil es so gut tut, geliebt zu werden. Ich habe dir von Gott erzählt. Jetzt kann ich dir auch sagen: Gott hat mich lieb und ich habe ihn lieb. Das wissen wir beide, und wir finden es schön und beruhigend. Wir brauchen das, um zu leben. An jedem Tag mache ich mir das klar. Das nenne ich glauben, weil ich so auf Rufweite mit Gott lebe. Ich erzähle dir später einmal mehr. Einverstanden?

Ich bin davon überzeugt, dass diese Antwort so oder ähnlich erst einmal genügt und ein Kind auch glücklich macht.

Es war einmal eine Storchenfamilie. Hoch oben auf dem strohgedeckten Dach des alten Bauernhauses hatte sie ihr Nest. Storchvater war vierzehn Tage vor seiner Frau angekommen, hatte Hausputz gemacht und für Ordnung gesorgt. Schließlich hatten sie Hochzeit gefeiert und die Störchin legte zwei wundervolle Eier, aus denen in weniger als einem Monat die Jungen krochen. Nun ging es ans Füttern und die Eltern waren von früh bis spät unterwegs, um für die Nahrung zu sorgen. Die Jungen wuchsen schnell heran, ihr Federkleid wuchs auch prächtig, der Regen konnte ihnen nichts mehr anhaben; außerdem war es unter dem Bauch der Eltern immer schön kuschelig und warm. Der August kam heran. Mit weitem Flügelschlag schienen die Storcheneltern auf dem Nestrand zu tanzen. Aber das war kein Tanz. Die Kinder sollten das Fliegen lernen. Die weite Reise nach Afrika stand bevor. Wirklich, da musste man fliegen können, sogar über das Gebirge, über das Meer und über die Wüste.

Dann kam der große Tag. Das eine Storchenjunge warf sich plötzlich über den Rand, breitete die Flügel aus und segelte unter den Wolken hin. Das andere aber hatte Angst, wollte der Luft nicht trauen und schlug hilflos mit den Flügeln, blieb aber im Nest. Da schien es, als flüstere die Mutter dem Kind zu: Solange du auf dem Nestrand bleibst, wirst du nie erleben, dass die Luft trägt; sprach's und schwang sich davon. Da blieb dem Storchenkind gar nichts anderes übrig: Es breitete die Flügel aus, warf sich in den Wind, und, welch Wunder: Die Luft trug.

So ist es auch mit dem Glauben: Breite die Flügel deiner Seele aus, und vertraue dich Gottes Kraft an. Du wirst spüren: Sie trägt.

Guter Gott,
mein Herz und meine Seele sind offen für dich.
Du bist bei mir in meinem Alltag,
du bist bei mir, wenn ich sitze oder aufstehe.
Du erkennst, was ich denke oder fühle;
Du begleitest mich, wenn ich unterwegs bin oder mich erhole.
Alles, was ich sage, kommt in dein Ohr.
Du umgibst mich mit deiner Zärtlichkeit;
du trägst mich auf allen meinen Wegen.
Verstehen kann ich das nicht. Es ist zu wunderbar.
Selbst wenn ich dir nicht begegnen wollte,
wo sollte ich mich verstecken?
Selbst wenn ich mich in den Wolken verhüllen könnte,
dann wärst du auch dort.
Und wenn ich mich in die Erde verkröche, vielleicht sogar auf
dem Friedhof,
dann wärst du dort auch.
Wenn ich mit der Sonne im Meer versänke, träfe ich dich auch an.
Wenn ich wie Harry Potter zaubern könnte und würde die Welt
plötzlich dunkel machen, dann würdest du mit deinem Licht
aufstrahlen.
Ja, ich weiß, als ich noch im Bauch meiner Mutter lag, war ich
schon in deiner Obhut.
Ich danke dir, dass mein Leben ein Geschenk und ein Wunder
aus deiner Hand ist.
Richtig begreifen kann ich dich nicht, guter Gott.
Komm und überzeug' dich, ob meine Gedanken okay sind, und
ob meine Seele ehrlich ist.
Nimm meine Zeit in deine Hand, bis ich eines Tages am Ziel bin.

(Nach Psalm 139)

Gott

Auf die Frage »Wer ist Gott?« läuft es jedenfalls hinaus, wenn es um den lieben Gott geht und darum, wer er ist und wo er wohnt und wie er aussieht.

Vielleicht besitze ich die Möglichkeit herauszufinden, warum das Kind diese Frage stellt:
– Hat es irgendwo anders das Reden von Gott gehört?
– Ist die Frage ernst gemeint?
– Verbindet das Kind mit dieser Frage Ängste?
– Hat Oma etwas erzählt?
– Ist es einfach Neugier?
Vielleicht habe ich auch die Chance, mich selbst zu fragen:
– Wo trifft mich die Frage?
– Bringt sie mich in Verlegenheit?
– Antworte ich gern?
– Werde ich aggressiv?
Wie dem auch sei, wie das Ergebnis auch aussieht; die Frage ist da und muss jetzt oder irgendwann beantwortet werden.

Ich mache bei mir Bestandsaufnahme: Welche Bilder über Gott trage ich mit mir herum? Schöpfer – Vater – Richter – Geist – Hirte – Wesen – Quelle – Herr. Oder noch andere?

Wenn ich Zeit habe, schreibe ich mir diese Bilder auf.

Woher habe ich sie? Sagen sie mir noch oder wieder etwas?

Vielleicht setze ich mich dieser kleinen Bestandsaufnahme noch intensiver aus und mache mir klar, dass Götter zunächst einmal von Menschen erfundene Bilder sind. Aus Angst, aus Unwissen, aber auch aus dem Wunsch heraus, Leben und Welt zu verstehen, haben sich die Menschen zu allen Zeiten und rund um die Erde Götter gemacht, also Wesen, die zuständig waren für Krankheit und Tod, Regen und Trockenheit, Vulkanausbruch und Krieg, Seuche und Glück. Da musste doch jemand zuständig sein. Und dieser Jemand musste dem Menschen unendlich überlegen sein.

So entstanden die Religionen, aus Schrecken oder Begeisterung, und die so entstandenen Götter wurden angebetet, ihnen wurde geopfert, mit ihren Ansprüchen regelte man die Rätselhaftigkeit der Welt und die Unzulänglichkeit des Menschen. Diese Götter erhoben dann auch Anspruch auf Macht und Allmacht und ihre Anhänger leiteten für sich daraus Macht und Herrschaft ab. Die Erkenntnis ist wichtig, dass die Menschen damit lernten, sich zurechtzufinden.

Ertappe ich mich dabei, selber solche Gottesbilder zu pflegen oder dem Glauben den Rücken gewandt zu haben wegen solcher Bilder? Wenn ich sie nicht habe oder sie abstreifen konnte, sollte ich froh sein über die Befreiung von religiösen Klischees. Dann sind Herz und Auge frei für den biblischen Gottesglauben.

Wer nun weder Zeit noch Kraft noch Gelegenheit findet, sich der Entdeckung dieses Glaubens zu widmen, der erlaube mir nachstehende Hinweissätze:

Religion schafft Götter und Götzen, Ersatzautoritäten für menschliche Unzulänglichkeit.

Der Glaube dagegen nimmt Gott wahr.

In der Religion schuf sich der Mensch seinen Gott. Der Glaube sagt mir: Gott schuf den Menschen.

Wenn ich mein Kind liebe, werde ich entdecken: Es ist gar nicht so wichtig, Gott zu suchen, wichtiger ist es, sich von ihm finden zu lassen. Beinahe Seite für Seite erzählt mir die Bibel von dem Gott, der am Anfang steht, der Initiative ergreift, der das Leben schuf, der die Zeit brachte, sie erzählt mir vom Gesetzgeber der Naturgesetze, vom redenden und handelnden Gott, sie erzählt mir vom Gott, der in die Freiheit führt, in den Frieden, in die Gerechtigkeit, in die Liebe, sie erzählt von dem Gott, der mit sich reden lässt, der Obhut bietet und Zuflucht, Asyl und Geborgenheit, vom Gott, der Geschichte macht und segnet, sie erzählt vom Geber des Lebens, von seiner Wahrheit und Hoheit, von seiner Sehnsucht und Leidenschaft, dass es Menschen gäbe, die sich seiner Sache stellvertretend annehmen. Menschen sind es, die von der Sache mit Gott erzählen, weil sie sich von ihm haben finden lassen. Das Überraschende aber ist, dass sie eben erzählen, in Verkündigung und Bekenntnis, in Geschichten und Gebeten, jedenfalls: Sie erzählen.

Wenn mein Kind mich fragt, ist dies schon ein wesentlicher Hinweis: zu erzählen. Die einfache Definition taugt nicht. Was ich definiere, also klärend beschreibe und umreiße und damit festlege, muss kleiner sein als ich. Wovon ich aber staunend erzähle, dankbar und ehrfürchtig, glaubhaft und aus Erfahrung, das ist größer als ich. Der Schöpfer muss größer sein als sein Geschöpf.

Nun brauche ich die Bilder und die Ersatzgötter nicht mehr. Ich kann meinem Kind erzählen. Und mein Gott nimmt es mir bestimmt nicht übel, wenn ich vor meinem Kind für ihn schwärme, mich für ihn einsetze, ihn bewundere und ihn vielleicht sogar besinge, weil ich mich freue, alles Leben, also auch mich selbst von ihm herzuleiten.

Mein Kind wird zufrieden, ja glücklich sein, wenn ich ihm erzähle, dass Gott überall zu Hause ist, in meinem Herzen und im großen Weltraum, weil er ja alles geschaffen hat. Mein Kind wird rote Ohren bekommen vor Freude über mein Erzählen, wenn ich nun in eigenen Bildern und Vergleichen begeistert und verantwortlich zugleich von Gott erzähle in der Form einer Berichterstattung aus meiner Überzeugung. Tastend werde ich Bilder und Vergleiche finden, weil Kinder das lieben. Aber es werden Bilder und Vergleiche sein, die nicht festlegen, sondern eröffnen, Bilder, die eines Tages ohne Schaden ablösbar sind, wenn die Erkenntnis sich weitet.

Mein Kind, Gott ist so groß und wunderbar, dass ich ihn nicht malen oder fotografieren kann. Von ihm kommt alles, was lebt. Ich kann mich aber in ihn einkuscheln überall und zu jeder Zeit. Er liebt mich. Er ist für mich da. Er ist glücklich, dass es dich gibt. Du gehörst zu seinen Lieblingskindern, weil du ein Menschenkind bist. Schlaf gut. Gott behüte dich. Ich habe dich lieb.

Ich bin überzeugt, dass ein Kind nun zufrieden einschläft.

Drei kluge Leute saßen abends vor ihrer Tür, um ihre Weisheit auszutauschen.

Da sagte der eine: »Was Menschen von der Welt wissen, wissen wir. Wir können glücklich sein.«

»Ja«, bestätigte der zweite, »was Menschen vom Leben wissen, wissen wir. Wir können glücklich sein.«

»Nein«, warf der dritte ein, »was wissen wir denn über Gott? Können wir wirklich glücklich sein?«

Da dachten sie nach und beschlossen, sich auf den Weg zu machen, loszureiten, um Gott zu finden. Oder wenn sie ihn nicht fänden, dann würden sie wenigstens das wissen und wären wieder glücklich.

Zuerst trafen sie einen alten Mann. »Bist du Gott?«, fragten sie ihn.

»Wie kann ich Gott sein?!«, antwortete der, »Gott ist jünger.«

Betroffen von der Antwort gingen sie weiter. Gott ist jünger? Wie konnte das sein?

Auf dem weiteren Weg begegneten sie einer weinenden Frau.

»Bist du Gott?«, fragten sie.

»Wie kann ich Gott sein?!«, schluchzte die Frau,»Gott ist fröhlich.«

Wiederum eine seltsame Antwort. Immerhin aber kam es ihnen in den Sinn, dass es Menschen gab, die wohl viel von Gott wussten. Da trafen sie wenig später einen Totengräber und fragten nun vorsichtig, ob er denn wüsste, wo Gott zu finden sei? Der aber sagte nur knapp:»Ihr dürft ihn nicht bei den Toten suchen.« Da stiegen sie auf ihre Tiere und ritten in die Nacht hinein. Einer entdeckte plötzlich den großen Stern.»Da ist Gott!«, rief er.»Da ist Gott!« Und sie richteten sich nach dem Stern. Bald kamen sie an einen Königshof, traten vor den Herrscher und fragten ihn auch:»Ja, ich bin Gott!«, erwiderte der, aber die drei klugen Leute empfanden, dass dieser niemals Gott sein konnte, er wirkte nicht jünger, nicht fröhlich und nicht lebendig.

Da ritten sie weiter und fragten unterwegs die Sonne:»Bist du Gott?«»Wie kann ich Gott sein?«, strahlte diese.»Kann das Geschöpf den Schöpfer ersetzen?«

Als es Abend wurde, sahen sie in der Ferne ein kleines Licht. Sie ritten darauf zu, stiegen dann zögernd ab, betraten leise den kleinen Stall und sahen das Kind. Die anderen Leute knieten und so knieten sie auch. Da wussten sie plötzlich alles und waren sehr glücklich.

Später saßen sie abends vor der Tür, um ihre Dankbarkeit auszutauschen.

Jesus sagt:

So, wie das Brot das Grundnahrungsmittel für den Körper ist, so bin ich lebenswichtig für euch Menschen. Wessen Herz Sehnsucht nach mir hat, den werde ich nicht enttäuschen, und ich werde den stärken, der sich mir anvertraut.

Ich mache das Leben und die Welt hell. Wer sein Leben nach mir ausrichtet, wird ohne Angst sein und das Licht Gottes spüren.

Ich bin der Zugang zu Gott. Wer das für sein Leben annimmt, wird Gott und seine Wahrheit auf seiner Seite haben.

Ich habe euch so lieb, dass ich mein Leben für euch gebe, wie ein guter Hirte sein Leben für seine Tiere einsetzt.

Ich verkörpere den Sieg über den Tod. Ich bin das Leben selbst. Wer sich mir anvertraut, der wird am Ende seines Lebens den Weg in die Ewigkeit finden.

Ich bin der Sinn und die Vollendung des Lebens in Wahrheit. Wer Gott sucht, findet den Weg durch mich.

Wir gehören zusammen, wie Weinstock und Reben zusammengehören. Wenn wir so dicht beieinander bleiben, wird eure Seele ganz reich. Ohne mich gelingt euch das nicht.

Gott hat mich zum König der Wahrheit ernannt. Er hat mich zu euch geschickt, damit ich euch von seiner Wahrheit, also von ihm selbst, erzähle. Wer Gott sucht, wird auf mich hören.

(Den Ich-bin-Worten aus dem Johannes-Evangelium nachgesprochen)

Jesus

Auf die Frage »Wer ist Jesus?« läuft es letztlich hinaus, wenn ein Kind den Gekreuzigten sieht, Geschichten vom Heiland hört, unter Umständen auch hört, wie Menschen den Namen im Gebet benutzen, oder in Bildgeschichten auf die Frage stößt.

Ich werde mich in jedem Fall bemühen, die Herkunft der Frage zu erkennen. Gelingt mir das, dann werde ich die Frage auch einordnen können: Will das Kind überhaupt etwas wissen? Will es mehr wissen? Vor allem: Warum will es das wissen?

Die größte Gefahr besteht sicher darin, dass ich dem Kind mit »geballter Ladung« komme. Die Versuchung liegt ja nahe; denn von Jesus weiß jeder ziemlich viel, ganz gleich, in welcher Beziehung er zu ihm steht. Wie leicht entsteht das Bild eines himmlischen, weil überirdischen Supermanns. Wie leicht entsteht aber auch das blasse Klischee einer geschichtlichen Randfigur. Oder wie schnell bleibt es bei einer »theologischen Streichelwiese«, die sich nur im Stall von Bethlehem aufhält, jedenfalls in dem, was die moderne Industrie dafür auf den Markt bringt an Weihnachtsseligkeit. Hier bin ich also vorsichtig und überlege zunächst für mich, was ich von Jesus weiß und glaube. Ich mache mir daher Folgendes klar:

– Wir berechnen unsere Zeit nach seiner Geburt, obwohl wir inzwischen wissen, dass das nicht genau stimmt.
– Wir wissen heute, dass es den »Stern« gab, jenes besondere

Licht am Himmel, das sich aus der seltenen Jupiter-Saturn-Stellung ergab.

- Die so genannten Heiligen Drei Könige waren keine Könige. Das Neue Testament spricht von Weisen, von Magiern und es waren sicher hochgelehrte Stern- und Himmelskundler aus der »Universität« von Babylon, Menschen, die eine Art Mischung von Astronomie und Astrologie vertraten, so auf der Mitte zwischen Kompass und Horoskop. Dass es drei waren, steht nirgends. Dass man drei vermutet, liegt wohl an den drei Geschenken: Gold, Weihrauch und Myrre. Sie waren durch angestellte Berechnungen auf der Suche nach einem neugeborenen König.
- Wir wissen, wo Nazaret und Betlehem liegen, historische Orte, heute noch besuchbar.
- Wir wissen aus der Feder von Gegnern und Feinden, dass es Jesus gab. Überhaupt kommen wir auf breitem Weg an historisch gesicherte Befunde wie etwa Kaiser Augustus, König Herodes, Pontius Pilatus.
- Ein Glaubensproblem dagegen stellte immer die Frage nach den Eltern dar. Es entstand das Dogma von der Jungfrauengeburt. Wir müssen aber wissen, dass es so etwas in nahezu allen Religionen auf dieser Erde gibt. Wir Abendländer verbinden mit einer solchen Auskunft fast automatisch die biologische Frage. Für den Morgenländer stand das nie zur Debatte. Er verband damit die Frage des Wesens. »Vater der Weisheit« oder »Sohn der Tapferkeit«, solche und ähnliche Aussagen kennen wir aus Romanen. Wenn es nun heißt: »Sohn Gottes«, dann bedeutet das: An ihm wird mir Gott klar, deutlich und offenkundig. Er entbirgt Gott ganz und gar, er zeigt sein Wesen, er macht Gott wesentlich, er zeigt ihn. Solche und ähnliche Übersetzungen helfen mir. Und dann kann ich auch wieder von Jungfrauengeburt sprechen, weil ich begreife: Vom Neuen Testament her soll damit in der damals bekannten Bildsprache gesagt werden: Jesus al-

lein macht Gott offenkundig. Es gibt keine anderen Gottes-
oder Göttersöhne.

– Ich kann mich auch einmal wieder in die Weihnachtsge-
schichten vertiefen. Ich komme den Hirten auf die Spur, deren dunkle Existenz unter dem aufgerissenen Himmel
neues Licht bekommt. Ich kann die Weisen aus dem Morgenland auf dem Weg zu Herodes begleiten, kann den Wi-
derspruch zwischen Hoffnung und Gewalt erkennen, kann
auch Herodes auf die Schliche kommen, wenn er als Mas-
senmörder für den entsetzlichen Kindermord haftbar gemacht werden muss.

– Ich kann aber auch im Alten Testament die versammelte
Sehnsucht nach einer neuen Zeit ablesen, Hinweise und
Weissagungen, Hoffnungen und inständige Gebete, als
werfe die aufgehende Sonne ihr frühes Licht über die Welt.

– Ich kann mich auch zusammen mit Maria und Josef auf die
Suche nach dem 12-jährigen Jesus begeben, damals im Tru-
bel der Großstadt Jerusalem, um genauso überrascht zu
sein, dass wir ihn im Tempel finden, im Gespräch mit klugen Leuten und ganz selbstverständlich davon überzeugt,
dass er im Gotteshaus zu Hause sei.

– Danach versiegen die Berichte. Auch das ist eine Auskunft,
hinter der ich vermuten darf, dass die Zeit der Reifung und
Vorbereitung gleichsam hinter den Kulissen der Öffent-
lichkeit stattfand.

– Auf der weiteren Suche nach Jesus begegne ich ihm, wie er
in der Wüste auf die Probe gestellt wird. Im Ringen mit der
Versuchung zu Macht und Reichtum beruft er sich einzig
und allein auf das Wort Gottes. Er siegt.

– Ich erlebe mit, wie er Jünger sammelt, erste Freunde und
Vertraute. In den vielen Gesprächen mit ihnen und mit einer großen Zahl immer neuer Zuhörer erzählt er vom
Himmelreich. Stets meint er damit die Zeit und das Leben,
auch das ewige Leben, in denen Gottes Bedingungen herr-

schen. Das Himmelreich ist wie eine Klimazone, in der Temperatur, Druck und Wetterlage durch Liebe, Vergebung und Frieden Menschen das erfüllte Leben vermitteln.

– Ich entdecke dann ferner, wie Jesus in Gleichnissen deutlich macht, dass Glaube und Erkenntnis auch gelebt werden können im praktischen Alltag. Immer geht es ihm um die Kostbarkeit des Lebens und um die Verwirklichung der Liebe.

– Vielleicht spüre ich das am deutlichsten in der berühmten Bergpredigt, die in einer strahlenden Ouvertüre, in den so genannten Seligpreisungen, das Zentrum der Botschaft von Jesus darstellt: Glaube, Frieden, Nachfolge; die aber auch nicht verschweigt, dass eine solche Haltung auf Widerstand, auf gefährlichen Widerstand von außen treffen kann. Aber mit einer werbenden Zärtlichkeit sondergleichen eröffnet Jesus mit dem Vaterunser die Welt des Betens, mit dem Hinweis auf Liebe und Frieden die Welt der Hoffnung und mit dem Hinweis auf die Vögel unter dem Himmel und die Lilien auf dem Feld den Sinn eines Lebens in Freiheit.

– In den Dokumenten des Neuen Testaments sehe ich Jesus, wie er hilft und heilt, spricht und lehrt. Ihm geht es nicht um bloße Gesundheit, sondern um das Heil des Menschen. Er macht klar, dass die Zerrissenheit der Welt und der Menschen sich daraus ergibt, dass Gott und mit ihm Weg und Sinn verloren wurden. Jesu Angebot des neuen Weges heißt Vergebung und so finden viele Menschen zu ihm. Er stellt keine Bedingungen, sondern vermittelt neue Hoffnung.

– Auf diese Weise wird er für die Mächtigen und die religiösen Fanatiker gefährlich. Schnell verdächtigt man ihn der Volksverhetzung. Das Misstrauen geht bis in den engsten Freundeskreis. Daneben wächst noch eine andere Enttäuschung: Insgeheim hatten viele von ihm eine revolutionärpolitische Befreiung von den verhassten Besatzern erhofft. Jesus aber meinte die Revolution des Herzens, die neue Gesinnung.

Gewiss hatten viele ihn richtig verstanden, nannten ihn Christus, also den Bevollmächtigten Gottes, oder auch Meister, also die Autorität für das Leben, oder auch Messias, also die Erfüllung aller Hoffnungen. Gewisse Drahtzieher aber bereiteten den Prozess vor. Vor der Verhaftung feierte ihn das Volk noch in einem triumphalen Einzug in Jerusalem. Er selber nahm Abschied von seinen Jüngern mit der Abendmahlsfeier und betete inständig.

– In einem politischen Schauspiel versuchte der Römer Pontius Pilatus, gelernter Jurist und Vertreter des Kaisers, die lästige Sache auf dem Weg der Amnestie aus der Welt zu schaffen. Aber die aufgeheizte Menschenmenge schrie: Gib Barabbas frei!

So vollendet sich am Kreuz das Leben des etwa 32-jährigen Jesus. Am Kreuz sprach er wunderbare Worte, mit denen er Gott bat, den verführten Menschen zu vergeben: »*Vater, vergib ihnen, denn sie wissen nicht, was sie tun.*«

Dann starb er. Sein Verräter Judas nahm sich später das Leben. Seine Jünger flohen aus Angst. Einige Getreue beerdigten ihn. So hatte sich eine ganze Welt genau des Menschen entledigt, der als erster und einziger zum Inbegriff Gottes und zum Inbegriff des menschlichen Menschen wurde.

– Drei Tage nach dem Sterbetag wurde Ostern. Einige wenige begaben sich in ihrer Trauer zum Grab. Aber sie mussten einsehen: Für den, der Hoffnung sucht, sind Gräber leer. Das wird sehr plastisch im Neuen Testament geschildert.

– An diesem Punkt haben sich unter den Christen so schreckliche Streitereien entwickelt, dass man sich am besten heraushält. Man stritt sich etwa, ob der Leichnam Jesu gestohlen wurde. Oder ob die Jünger und die Frauen einer Illusion, einem Trugbild, aufgesessen waren.

Aber ist das wirklich wichtig? Ist es nicht viel wichtiger, zur Kenntnis und zur Erkenntnis zu nehmen und damit zum Bekenntnis werden zu lassen: *Neue Hoffnung! Neues Leben! Neue Zukunft! Neue Kreatur!*

»Siehe, ich mache alles neu!«, so heißt es einmal.

Ich entnehme aus allen diesen begeisterten und begeisternden Berichten, dass Gott sein Wort wahr gemacht hat. Er ist seinen Menschen treu geblieben durch den Tod hindurch, hat damit alle unsere Angst und Zerrissenheit mit auf sich genommen und hat das neue Leben ausgerufen.

So begegnet den Jüngern der Auferstandene, der Sieger, der Überwinder, sein ganzes Wesen, seine Bedeutung, sein Werk, sein Wort, sein Vermächtnis, seine Gegenwart. Welche Worte soll man denn noch finden, um auszudrücken, dass sie in alledem ihm selbst begegnen, seiner Wirklichkeit, seiner Person?

Nur: Weiter reichen unsere Worte eben nicht, als bis an den Saum der Ewigkeit.

Mit allen diesen kleinen Wegweisungen in die Geschichte und Bedeutung Jesu bin ich bereits mitten drin in einem riesigen Erzählstoff für mein Kind; denn das wollte es doch wissen. Aber nun muss ich auswählen, Anfänge finden, vielleicht anhand eines Bildes, am besten aber dort, wo ich meinem Kind erzählen kann, was Jesus von Nazaret für mich bedeutet.

Mein Kind, jedes Schiff braucht einen Anker, damit es fest und sicher ist. Unser ganzes Leben ist wie ein Schiff. Mein Anker ist mein Vertrauen zu Jesus. So fühle ich mich ganz geborgen und behütet. Deshalb erzähle ich dir jetzt alles, was ich von ihm weiß.

Es werden ganz sicher wichtige Stunden und Tage für das Kind.

Es gibt im Neuen Testament zwei besonders schöne und für Kinder wichtige Geschichten:

Wieder einmal stand das große Fest der Freiheit bevor, das in jedem Jahr in Jerusalem gefeiert wurde und an den Auszug aus Ägypten, aus der Sklaverei erinnerte.

Jesus war damals zwölf Jahre alt und ging zusammen mit seinen Eltern Maria und Joseph in die große Stadt. Unzählige Leute verstopften die Straßen und Gassen; denn manche nutzten das Fest, um Verwandte in der Stadt zu besuchen, andere wieder machten Einkäufe. Alle aber besuchten den Tempel, das riesige heilige Gebäude, um Gottesdienst zu feiern. Als das Fest vorbei war, begaben sich Joseph und Maria wieder auf den Heimweg nach Nazaret. Sie dachten wohl, ihr Junge sei mit Nachbarn, Freunden und Verwandten unterwegs. Erst auf halbem Weg stellten sie fest: Jesus ist weg, nicht zu finden, wie vom Erdboden verschluckt. Sie hasteten zurück in die Stadt, suchten und fragten, fragten und suchten: nichts! Da gingen sie in den Tempel. Dort entdeckten sie ihren Sohn zwischen gelehrten weißbärtigen Männern, mit denen er sich unterhielt. Vorwurfsvoll fragte ihn die Mutter: Wie konntest du uns das antun? Er antwortete: Ich gehöre doch dahin, wo mein Vater zu Hause ist. – Mit Vater meinte er Gott. Das war typisch Jesus. Schon mit zwölf Jahren. Aber so war er, so blieb er bis an sein Lebensende.

Die andere Geschichte erzählt uns, wie Jesus als erwachsener Mann von etwa dreißig Jahren mit seinen engsten Freunden wieder einmal unterwegs war, um den Menschen von Gott zu erzählen. Längst hatte es sich herumgesprochen, dass er ein guter und hilfreicher Mensch war, der alles von der Wahrheit und vom Frieden wusste. So kamen sie in ein Dorf und machten am Brunnen halt. Da kamen viele Leute aus ihren Häusern und stellten sich um ihn herum. Manche Eltern hatten auch ihre Kinder mitgebracht. Als seine Freunde das sahen, sagten sie scharf zu den Eltern: Das hier ist nichts für Kinder. Bringt sie weg. – Da wurde Jesus richtig böse, wies seine Freunde in die Schranken und sagte laut: Lasst die Kinder dicht an mich heran. Denn Kinder wissen viel von Gott, und Gott ist Kindern ganz besonders nahe, weil sie glauben, staunen und danken können. Dann zog er jedes Kind zu sich heran, legte ihm die Hand auf den Kopf, sprach den Segen und gab ihm einen Kuss. Auch das war typisch Jesus: Freund der Kinder und der Kleinen.

Pfingsten war gekommen, damals, vor 2000 Jahren. Der schreckliche Karfreitag lag hinter ihnen, das Ostererlebnis auch, als die kleine Gruppe der verängstigten Freunde Jesu zusammensaß. Sie hatten sich in einem Haus verabredet. Da geschah ein Wunder: Es war, als würden sie von einer großen inneren Bewegung mitgerissen, als wären plötzlich Himmel und Erde eins. Begeisterung kam in ihre leeren Seelen, sie ließen sich entzünden, ganz neu entflammen für Gott und seine Botschaft, sie wurden regelrecht zu Feuerköpfen, und in ihrem Herzen spürten sie eine aufregende, wohltuende und wärmende Glut. Da wussten sie: Das ist Gottes Kraft, das ist sein Heiliger Geist, das ist seine Wirkung.

(Nach Apostelgeschichte 2, 1–4)

Heiliger Geist

In der Frage »Wer ist der Heilige Geist?« steckt alles, was in folgende Richtungen gefragt wird: Lebt Gott? Kann ich ihn spüren? Kann ich ihn erleben? Woran merke ich, dass es ihn gibt? Was tut er eigentlich?

Vielleicht fragt ein Kind so, weil es Spürbarkeit sucht, Erfahrbarkeit, Erlebbarkeit. Uns Erwachsenen geht es kaum anders. Deshalb ist es umso erstaunlicher, dass der dritte Glaubensartikel, der ja vom Heiligen Geist spricht, bei den abendländischen Kirchen und Christen so blass geblieben ist. Man merkt das besonders am ebenso blassen Pfingstfest.

Liegt es daran, dass schon das Wort »Geist« so wenig Gegenständlichkeit atmet? Dass es so theoretisch wirkt, ja sogar intellektuell und elitär? Riecht es zu sehr nach Vernunft oder Verstand? Oder liegt es sogar umgekehrt daran, dass dieses »Wort« wie eine Verlegenheit klingt oder sogar mit Geisterei, Spuk und Gespensterwesen verwechselt wird? Wiederum können auch manche Menschen besonders viel mit diesem Wort anfangen, weil es sehr unverbindlich aufgefasst werden kann, nämlich alles und nichts bedeutend.

Wenn mein Kind wirklich so etwas wissen und beantwortet haben möchte, ist beinahe Alarmstufe 1 in Sachen Glauben gegeben. An den Antworten entscheidet sich viel. Denn hier lauert auf lange Sicht die Gefahr der Schwärmerei, des Wirklichkeitsverlustes, der Überheblichkeit, der Rechthaberei und auch der kalten Dogmatik im Sinn eines verwalteten Kirchenkorsetts.

Wenn mein Kind mich fragt, überlege ich hier keineswegs blitzschnell, was ich antworte, sondern werde hoffentlich ganz behutsam nachdenken, mich vertiefen und dann vielleicht erst zeitversetzt Bericht erstatten. Auf dem Weg bis zu diesem Augenblick habe ich sicher einiges zu klären: Der Glaube an den dreieinigen Gott, Vater, Sohn und Geist hat die tiefe Bedeutung von Wirker, Werk und Wirkung.

Gelernt haben wir früher, es handle sich um drei Personen. Da wir heute mit dem Wort Person die Bedeutung eines für sich eigenen Wesens verbinden, etwa eines einzelnen Menschen, wurde dies auf Gott übertragen und führte sogar zum kindlich schlechten Gewissen: Wenn ich mit Jesus rede, ist Gott dann böse?

Der Glaube an den dreieinigen Gott versteht darunter aber eigentlich den Einen Gott, der sich in Jesus von Nazaret gültig gezeigt hat und von Anfang an bis in alle Zeit und Ewigkeit hinein dem Menschen mitteilt und in der Welt wirkt.

Ich entdecke beim Lesen der Bibel, dass dort gründlich anders vom Heiligen Geist geredet wird, als ich es sonst höre:

– Zunächst als schöpferische Macht und Entscheidung, die allein Gott zukommt. Alles Leben verdankt seine Herkunft dieser schöpferischen Macht und Entscheidung.

– Dann auch als behütende, begleitende, orientierende und weisende Kraft Gottes. Das hebräische Wort für Geist ist weiblich. Man könnte sagen: In der Wirkung zum Leben entfaltet Gott seine Zärtlichkeit und Mütterlichkeit, sein Streicheln und seine gütige Nähe.

– Dann auch als klärender Weisheitsspruch und Dienstanweisung für Gemeinde und Propheten. Da wird der Geist Gottes als eingreifende Kritik erfahren, als Maßstäblichkeit des Gewissens. In Tempel und Wüste, in Schlössern und Zelten, in Glück und in Angst macht sich Gott erfahrbar für Menschen, die sich dieser Erfahrung öffnen.

- Im Neuen Testament wird ein Wort benutzt, das sonst Wind heißt und Antrieb, wie ein Segelschiff sie braucht.
- Geist Gottes ist dann auch Motor und Anstiftung zu Liebe und Frieden.
- Mehr noch: Heiliger Geist bedeutet Gottes Anwesenheit und Direktheit in allen Stationen des Lebens.
- Auch als Tröster, als Gebetsförderer wird der Geist Gottes verstanden.
- Schließlich auch als Hoffnungsträger und Strukturbereiter der neuen Zeit, als Kraft, die dem Menschen die Augen öffnet für die Fratze der Realität und das Antlitz der Wirklichkeit.
- Heiliger Geist, das ist dann auch die Kraft, die Menschen aus ihrem Angstversteck in die ausgebreiteten Arme Gottes führt.
- Auch die Kraft, die Menschen zu Geschwistern macht, aber auch Menschen zum Widerstand gegen das Unrecht mobilisiert.
- Und auch jene Kraft, die als bereichernde Begabung den Menschen ausstattet für ein sinnvolles Leben.

Ich entdecke sicher noch viel mehr über den Heiligen Geist, in dessen Wirkungen in mir und um mich herum Gott sich selber entdecken lässt.

Nun könnte ich noch die Kirchen- und Christengeschichte erforschen und stieße auf Schritt und Tritt auf solche Wirkungen. Und plötzlich bekommen sie Namen und Gesichter, werden zum gelebten Leben, zum überzeugenden Beispiel.

Man muss nicht immer gleich auf große Gestalten sehen wie Augustinus, Franziskus, Bodelschwingh, Bonhoeffer, Martin Luther King oder Mutter Teresa. Ungezählte erzählbare kleine Leben sind es, die ich auch um mich herum entdecken kann. Vielleicht sehe ich mir daraufhin das Gesicht meines Kindes noch einmal genauer an und entdecke die Spuren dieser lebenspendenden Kraft wie in einem Spiegel.

Ich gehe noch einen Schritt weiter, wenn ich nun auch im Verbund aller Lebewesen diesen schöpferischen Motor begreife. Hoffentlich verlasse ich dann auch bald den verbreiteten unchristlichen Hochmut, als gäbe es diese wunderbare Kraft nur in der Christenheit. Wenn ich mich nun irgendwann entschließe, meinem Kind zu antworten, wird es mir leicht fallen:

Mein Kind, ich weiß gar nicht, wo ich anfangen soll. Die ganze Welt ist voll vom Heiligen Geist, voll von Gott, voll von Liebe, voll von Hoffnung. Es ist wirklich fantastisch. Manchmal sieht es gar nicht so aus, weil wir von so vielen Gemeinheiten hören, und du weißt ja selber, wie eklig sogar Kinder untereinander sein können. Komm, lass dir erzählen, wie du Gottes guten Geist spüren kannst.

Ich habe gelesen, sagte der alte Mann, dass Gott die Erde schuf.

Ich habe auch gelesen, dass Jesus sich im Fluss taufen ließ.

Im Krieg habe ich gesehen, wie sich zwei feindliche Soldaten in den Arm nahmen.

Sieh da, vor deinen Augen hüpft ein Zaunkönig auf dem Holzstoß.

Im Krankenhaus habe ich erlebt, wie ein Mann seine sterbende Frau küsste.

In Afrika teilte eine Frau in einer Hütte mit uns ihre letzten Bananen.

Als die Menschen ihre Freiheit gewannen, stellten sie Kerzen auf und weinten.

Zwei Ehepaare, die sich seit Jahren nicht leiden konnten, gaben sich in der Kirche die Hand und schlossen Frieden.

Als ich auf Kreta war, fuhr der Alte fort, schenkten mir Frauen im Gottesdienst Kerze und Brot.

Jeden Tag schaue ich zum Himmel oder bis zum Horizont oder über das Meer und staune.

Ich habe gesehen, wie zwei Kinder miteinander spielten und beste Freunde waren; das eine war weiß, und das andere war schwarz.

Nach jedem Satz hatte der alte Mann eine lange Pause gemacht.

Das Kind war unruhig und fragte: Was hat das alles mit dem Heiligen Geist zu tun?

Aber er antwortete nicht. Er sog an seiner Pfeife und lächelte.

Da lächelte auch das Kind.

Die Weihnachtsgeschichte erzählt von den Hirten, die nachts draußen am Lagerfeuer saßen und ihre Schaf- und Ziegenherde hüteten.

Da war es, als ob ein Engel sie berühre. Das war Gott selbst, und alles in ihnen und um sie herum war in Licht getaucht.

Da hörten sie die Worte: Habt keine Furcht! Ich bringe euch eine gute und fröhliche Nachricht, die für die ganze Welt gilt; denn heute ist ein Kind zur Welt gekommen, das einmal allen Menschen helfen wird. Es ist Christus, das heißt Gottes Bevollmächtigter, der über das Leben zu sagen hat. Geschehen ist es in Bethlehem, das ja schon seine Bedeutung hatte, als David König war.

Wie ein großer Jubel klang es dann: Erweist Gott die Ehre; denn er ist wundervoll, und Frieden soll in der Welt wachsen bei allen Menschen, die selbst zur Krippe werden.

(Nach Lukas 2, 8–14)

Engel

Die Frage »Engel – gibt's die?« klingt kindlich, ist es aber überhaupt nicht.

Im Grunde ist es die uralte Menschheitsfrage: Wie kann der Abstand zwischen Himmel und Erde überwunden werden? Wie erhalte ich Nachricht von Gott?

Gemeint sind nicht die Flitter- und Flatterengel der Weihnachtsmärkte und Adventsauslagen. Die haben durchaus ihren dekorativen Wert und niemand sollte jene Stimmung verachten, die von langer liebevoller Hand bewirkt wird, wenn Weihnachten vor der Tür steht. Anders steht es um den vermarkteten Himmel, mit dem die halbe Menschheit Schindluder treibt in religiösen und unreligiösen Gags.

Hinter der Kinderfrage nach den Engeln steht mehr. Nämlich das Verlangen nach direktem Kontakt, nach der Anwesenheit Gottes im dunklen Zimmer, wenn die Eltern ausgegangen sind oder die Straße gefährlich ist. Das geflügelte Schnitzwerk oder der glitzernde Hochglanzengel – das sind doch nur bescheidene, in diesem Sinn kindliche Vorstellungen von etwas Undarstellbarem und doch so Wesentlichem.

Wenn mein Kind mich danach fragt, muss ich wissen: Es ist ein kostbares Thema, das nicht mit platten Antworten quittiert werden kann oder mit dem Hinweis: Das erkläre ich dir später einmal.

Ich mache mir klar, woher jene seltsame Engelvorstellung kommt, die jene himmlische Armee der göttlichen Postboten mit Flügeln ausrüstet. Dies hat einen interessanten und guten Hintergrund. Tausende von Jahren haben sich die Menschen abrackern müssen mit den Ängsten des Lebens. Oben war ein Himmel, von dem die Sonne schien und der Regen kam. Also war dort der Sitz der Götter. Aber wie kam der Kontakt zustande? Durch Götterboten, durch Engel. Der Mensch versuchte seine Gottesbeziehung durch Engel zu regeln. Verständlich. Aus Angst. Aus Hoffnung. Immer aber als Versuch, Himmel und Erde zusammenzubringen. Mit dem Verlust des alten Weltbildes, mit dem veränderten Himmel, der kein Oben und kein Unten mehr kennt, mit den Erkenntnissen der Naturwissenschaft hat sich nun auch die alte religiöse Sichtweise verändert.

Kinder kennen nichts von diesen Entwicklungen. Sie wollen wissen und verstehen, sie wollen begreifen. Da liegt die Gefahr, dass ich als Erwachsener das alte Bild von Engeln neu aufbaue. Vielleicht auch, weil ich es selber als Restbestand meines frühen Glaubens mit mir herumtrage.

Von der Heiligen Schrift her entdecke ich zunächst für mich ein ganz anderes Bild von Engeln. Man könnte es so zusammenfassen:

Engel – das ist der heilige Augenblick, wo es dem Menschen wie Schuppen von den Augen fällt, was Gott von ihm will.

So ist das wirklich nur ein Satz. Aber hinter diesem Satz stehen Wirklichkeiten:

– Wo Gott redet und gehört wird, da wird dieser Vorgang auch mit *Engel* bezeichnet.
– Wo Gott an den Menschen herantritt und ankommt, da spricht man von *Engel*.
– Wo einem Menschen klar wird, was Gott will, da spricht man von *Engel*.
– Wo die Wahrheit deutlich wird, da spricht man von *Engel*.
– Wo die Erkenntnis wächst, was zu tun ist, da spricht man von *Engel*.

– Wo Befreiung geschieht und Freiheit entsteht, da spricht man von *Engel*.

Das sind nur Andeutungen und Beispiele.

Engel, das heißt: Die Botschaft kommt an, wird angenommen, ist da. Selbstverständlich sind es auch Menschen, die so ganz mit der Botschaft verschmelzen, dass sie in diesem Sinn zu Engeln werden. Und ebenso selbstverständlich sind es auch Menschen, die als Empfänger so ganz mit der Botschaft verschmelzen, dass von Engeln gesprochen wird.

Das Wort Engel umschreibt die zum Ereignis gewordene Nachricht, ihre Annahme und Umsetzung. Mit Engel beschreiben wir auch die Arbeit, die Gott sich mit uns macht, die Liebe, die er dabei verschenkt, und die Nähe, zu der er sich entschließt. In diesem Sinn kündigt der Engel etwas an und verkündigt seine Botschaft.

Ich erinnere mich etwa an die Engel der Weihnachtsgeschichte: Der ganze Jubel, die ganze Freude, die gesamte Erkenntnis und alle Hoffnung versammeln sich in diesem einen Wort »Engel«. Ich könnte auch sagen: Engel, das ist ein Deckname für Gott, ein Codewort, weil der Mensch fassungslos vor einem wunderbaren und überraschenden Geschenk steht. Engel, das ist also die unmittelbare Erfahrung mit Gott, die der Mensch in Worte und in Vorstellungen kleidet; denn eigentlich müsste er sprachlos bleiben vor so viel Gottesnähe. Wir Menschen können aber nicht sprachlos bleiben, die Ereignisse und Erlebnisse müssen aus uns heraus, weil wir sonst platzen würden. So erfasst die Sprache nur unzureichend und stets stammelnd, was geschah, und wird auf diese Weise zum Erlebnisträger. Das benutzte Wort aber, hier das Wort Engel, ist nicht selbst schon die Sache oder der Inhalt, sondern ist wie ein Wegweiser oder ein Einweiser in das Wunder.

Bei allen diesen Gedanken merke ich längst, wie schwer es ist, das Geheimnis der Wirklichkeit Gottes und die Wirklich-

47

keit seines Geheimnisses zu erklären. Wenn mein Kind mich fragt, stehe ich also wieder einmal vor der Aufgabe, aus der Vorratskammer meines Glaubens und meiner Erfahrungen zu erzählen.

Mein Kind, mit dem Wort Engel wollen die Menschen erzählen, was Gott ihnen Gutes getan hat. Fass einmal unseren Heizkörper an. Er ist warm. Aber er ist nicht von sich aus warm. Dazu gehört der Ofen. Das weißt du. So ungefähr ist das auch mit dem Wort Engel. Gottes Liebe ist der Ofen, der seine Wärme in alle Menschenherzen abgeben will. Wenn nun ein Mensch sein Herz öffnet, dann spürt er Gottes Nähe und wird zum Engel. Aber auch ohne Menschen kommt Gott uns ganz nah, wenn er das will. Dann spüren wir ganz genau, was er will, was er uns sagen will. Jetzt will ich dir eine Geschichte erzählen …

Vielleicht erzähle ich sogar die alte Weihnachtsgeschichte von den Engeln und Hirten nun in meiner eigenen Sprache.

DER ENGEL. Ein Weihnachtsmärchen

Brenda war ein aufgewecktes Mädchen. Sie liebte besonders das weite Land, die herrlichen großen Bäume rund um das alte Haus, sie liebte die Gemütlichkeit in der großen bunten Küche und wenn es nach Weihnachten roch, bekam sie strahlende Augen. Dann konnte sie oft lange neben dem großen schwarzen Hund liegen und in den diesigen Nachmittag träumen. Ja, Brenda liebte ihr Zuhause, die Farben, die Düfte, die Menschen, den Hund, ganz besonders aber die Mutter, deren sanftes Lächeln die Welt zu verzaubern schien.

Vor allem aber liebte Brenda das Malen. Stundenlang konnte sie am kleinen Tisch sitzen, zeichnete Figuren und Konturen, probierte Farben und Formen, malte mit Stift oder Pinsel und freute sich, wenn ein kleines Werk gelang und die Zustimmung der Mutter fand.

Wieder einmal war es wenige Wochen vor Weihnachten. Sturm kam auf. Er rüttelte an Türen und Fenstern. Brenda saß und malte. Es sollte ein Bild zu Weihnachten für die Mutter werden. Der große Hund lag neben ihr und schnarchte. Der Sturm wurde stärker. Die Bäume ächzten schwer. Irgendwo klapperte ein Stück Blech. Der Sturm heulte und raste, wuchs zum Orkan, zauste und zerrte an allem, was ihm im Weg stand. Plötzlich ging das Licht aus. Die Mutter kam herein, brachte Brenda eine leuchtende dicke Kerze, fuhr ihr liebevoll über das Haar und meinte: Keine Angst. Der Sturm geht vorbei. Mal weiter. Ich muss nach unten und aufpassen, dass nur nichts wegfliegt.

So saß Brenda an diesem lärmenden Sturmabend allein. Sie begann zu malen. Sie wollte die Krippe zeichnen und Maria und Joseph und die Hirten und die Weisen aus dem Morgenland. Doch ihre Hand gehorchte ihr nicht. Es war, als würde sie von geheimnisvollen Kräften geführt. Plötzlich wurde ihr klar, dass sie keine Krippe gemalt hatte, sondern einen Engel, einen großen wundervollen Engel. Brendas Engel hatte kein blondes Haar und kein weißes Gewand, hatte kein goldenes Diadem und auch keine Flügel. Nein, dieser Engel war ganz anders: Er bestand nur aus Farben. Ganz bunt war er. Ein Gesicht hatte er auch nicht. Als Kopf hatte er nur ein großes Auge, und als Gewand hatte er eben Farben. Dass es ein Engel war, erkannte Brenda an der Sanftmut, an der Güte, am Lächeln und an der Stimme; denn der Engel begann tatsächlich zu sprechen: Ehre sei Gott in der Höhe und Friede auf Erden. – Das war wunderbar. Es war einfach wunderbar. Während Brenda noch staunte und staunte, wuchs der Engel, trat schließlich aus dem Zeichenblatt heraus und umhüllte das Mädchen mit seinem Segen. Der Hund schlief. Das Mädchen barg sich in der Umhüllung des Engels. Das tat gut. Das tat wohl. Es

49

schien ihr, als gäbe ihr der Engel einen Kuss. Und während der Orkan draußen tobte, hob der Engel das Mädchen auf, umschloss es ganz mit seinem segnenden Traum und trug es nach Bethlehem, draußen auf das Feld, wo die Hirten waren. Doch Brenda traf sie nicht an. Sie waren ja alle unterwegs zum Stall. Nur einer war bei der Herde geblieben, ein alter Mann, der war blind.

»Kannst du mich hören?«, fragte Brenda den blinden Hirten.

»Ich kann dich sehen«, erwiderte der Blinde freundlich. »Wie kannst du mich sehen«, fragte das Mädchen, »wenn du doch blind bist?«

»Mit der Seele kann man sehen, wenn die Seele offen ist. Meine Seele ist offen.«

Dann sah Brenda, wie der blinde Hirte sich um seine Tiere kümmerte. Ganz sorgfältig tat er das, und sie staunte, dass er alles sah.

Da kamen die Reiter des Herodes. Freundlich erkundigten sie sich nach dem neugeborenen König. Aber Brenda sah ihre Spieße, Lanzen und Schwerter. Da wusste sie, dass sie ihn umbringen würden, wenn nicht ein Wunder geschähe.

Der blinde Hirte sagte den Soldaten, sie seien blind vor Hass und Gehorsam. Da stachen sie ihn nieder. Er war ohnmächtig. Brenda erschauderte. Der bunte Engel lächelte. Brenda betete. Der bunte Engel lächelte. Brenda weinte. Der bunte Engel lächelte. Die Soldaten ritten davon. Die anderen Hirten kamen zurück vom Stall in Bethlehem. Als sie den alten Blinden sahen, wie er blutete und stöhnte, legten sie ihn auf eine Matte, versorgten seine Wunde und baten Brenda, ein Lied zu singen. Sie sang das Lied »Vom Himmel hoch, da komm ich her …«, und in dem Augenblick war die nächtliche Luft erfüllt von himmlischen Klängen, die dem alten blinden Hirten halfen, alle Kraft zu sammeln. Tags darauf erfuhr Brenda, dass das Christkind gerettet war. Nach Ägypten waren sie geflohen und auf diese Weise dem schrecklichen Hass des Königs Herodes entronnen.

Als der Engel das Mädchen aus seiner geheimnisvollen Umhüllung entließ, erwachte Brenda aus dem Traum. Der Orkan hatte sich gelegt. Der Hund schlief tief und fest. Die Kerze warf ein warmes Licht auf die Zeichnung. Da war kein Engel mehr. Da war nur

noch die Krippe mit dem Kind. Brenda war glücklich, sehr glücklich. Sie war dem Kind in der Krippe ganz nahe gewesen.
Der Hund schlief. Die Mutter kam und sagte: »Das ist ein wun-
dervolles Bild.«
Brenda strahlte und dachte an den bunten Engel.

Kurz bevor Jesus seinen großen Auftrag in die Tat umsetzen wollte, spürte er, dass er sich noch einmal prüfen lassen musste. So ging er in die Wüste, vierzig Tage lang, wie es in der Geschichte heißt, also eine Zeit der Quarantäne, wie die Franzosen sagen würden, eine Zeit der Besinnung und Reinigung.

Da spürte er die erste böse Versuchung: Wenn er wirklich Gottes Sohn wäre, dann sollte er aus Steinen Brot machen. Als spräche da ein Teufel.

Doch Jesus wusste in seinem Herzen: Brot und Dinge sind nicht alles im Leben, sondern das Wort Gottes. Dann sah er sich hoch oben auf der Tempelmauer, und es war wie ein satanisches Flüstern: Wenn du Gottes Sohn bist, dann stürz dich in die Tiefe. Die Engel werden dich sicher auffangen.

Jesus überwand diese gefährlichen Augenblicke; denn er wusste: Man soll Gott nicht herausfordern. Danach bot man ihm Macht an, die ganze Welt sollte ihm zu Füßen liegen. Dafür sollte er den Versucher anbeten.

Nur Gott habe er anzubeten, antwortete er. – Da hatte er gesiegt und spürte Gottes Nähe.

(Nach Matthäus 4, 1–11)

Teufel

»Teufel« – ein spannendes und gefährliches Thema zugleich, das nur scheinbar aus vergangenen Tagen stammt. Ich denke nur an die gängigen Redensarten: Fahr zum Teufel, fahr zur Hölle, die grüne Hölle, die weiße Hölle, etwas hat einen Pferdefuß, hier stinkt's, Teufel nochmal, Satansbraten, das Pferd ist ein Satan, höllisch heiß, höllisch kalt, ein teuflischer Plan, er oder sie ist ein Teufel, sie machen sich das Leben zur Hölle, etwas ist diabolisch, höllisch aufpassen, jemandem einheizen, jemanden aufspießen, Höllenglut, Höllenfeuer, Teufelskerl, Höllenangst.

Das sind nur einige wenige Beispiele für ein Lexikon des Bösen. Es sind Begriffe und Redewendungen, die vielen Menschen leicht von der Zunge gehen, zumeist unbedacht und ohne viel Hintergrund. Aber was gemeint ist, wird schnell klar:

– Gemeint sind das Böse, das Unerträgliche, das Entsetzliche, das Unaushaltbare, das Gemeine, das Hinterlistige, das Gefährliche, das Tödliche, das Ängstigende, die Fratze, die Kälte, die Glut, das Unkontrollierbare, das Unordentliche, Unheimliche, das Vernichtende, das Kriminelle, das Heimtückische, die Qual, das Unanständige, das Frivole, das Magische, das Mörderische.

– Auch hier handelt es sich nur um einige wenige Begriffe, in denen sich die *Erfahrung des Bösen* versammelt. Wilde Flüche ranken sich in allen Sprachen der Welt um diese Erfahrung, und Fluch – das bedeutet stets Abwehr. In letzter

Hilflosigkeit versucht der Mensch, mit alledem fertig zu werden.

Nur: Was solche Begriffe wirklich erzählen, ist das jahrtausendealte Ringen der Menschen mit dem Bösen in der Welt. Das Böse um mich herum, das Böse gegen mich und das Böse in mir.

Will mein Kind nun wirklich das alles wissen? Fragt es sich wirklich schon in den Bereich der Hölle hinein? Ist seine Frage vielleicht von den Märchen geprägt?

Ich mache mir zunächst klar, woher solche Vorstellungen kommen. Die Menschen früherer Jahrhunderte und Jahrtausende hatten ein ganz anderes Weltbild. Dem hellen Lichtreich der Götter über den Wolken entsprach das dunkle Reich der Finsternis unter der Erde. Mit Hochachtung muss man wohl von den Menschen reden, die auf diese Weise versuchten, mit dem Konflikt zwischen Gut und Böse fertig zu werden. Es gab für sie sicher keine andere Möglichkeit, denn weder das naturwissenschaftliche Wissen war weit genug ausgebildet, um die Welt zu verstehen, noch lagen die psychologischen Erkenntnisse vor, um den Menschen helfen zu können. Und irgendwie mussten sie ja leben lernen mit den Gemeinheiten, mit der Hinterlist, mit dem Raubüberfall und dem Mord. Denn das alles gab es ja – wie auch heute. Böse Menschen waren dann eben mit dem Bösen im Bunde, hatten ihm ihre Seele verschrieben und wurden somit zu Werkzeugen des Teufels.

So hatten jene Menschen die Möglichkeit, sich das Böse zu erklären. Was sich erklären lässt und einen Namen hat, lässt sich auch eher bewältigen. Und so erfand man Maßnahmen, ja richtige Methoden, um den Bösen zu besiegen. Bestimmte Kräuter mussten herhalten, bestimmte Opfer wurden gebracht, mit Feuer, Licht oder heiligen Gegenständen rückte man dem Leibhaftigen zu Leibe.

Der Hexen- und Dämonenglaube nahm zu, Teufelsaustreibungen wurden Sache der Zauberer, Medizinmänner und Priester, und Absagen an den Teufel erhob man zur Voraussetzung für das Bekenntnis. Dies alles wissen wir aus den Zeiten der Angst, des Unwissens und der Hilflosigkeit. Unsagbares Leiden gehört in diese Geschichte der Verfolgungen, Verbrennungen und Verdächtigungen.

Das alles will mein Kind sicher gar nicht wissen, aber ich muss es mir klar machen, um Schaden zu verhindern. Und ich merke an diesen Gedanken, welchen Ballast ich selber abtragen muss, um mich in die Kinderfrage hineinzuhorchen, wobei ich bald entdecke: Es ist ja meine Frage.

Ich lerne zunächst einmal zu unterscheiden zwischen dem, was ich als böse erfahre, und dem, was böse ist:

– Als böse erfahre ich etwa die Naturgewalten: die Wasserflut, den Sturm, den Erdrutsch und die Feuersbrunst. Ich erfahre sie unter Umständen als böse, weil sie meine Existenz bedrohen und ich mich diesen Elementen hilflos ausgesetzt fühle.

Einerseits muss ich sehen, dass der Mensch oft genug schuldhaft und mit vollem Risiko die Elemente herausfordert. Dann darf er sich auch nicht beklagen, dass er in ihnen umkommt. Andererseits ist der Mensch selber Teil der Schöpfung, die in ihren Kräften und Gewalten von ihm, dem Menschen, Ehrfurcht und Einpassung erwartet, nicht aber Herrschaft und Ausbeutung.

– Als böse erfahre ich auch die Krankheit, die ängstigende, die entstellende und die zum Tod führende. Dass Krankheit mich befällt, das gehört zum Wesen der Vergänglichkeit. Die vielen unnatürlichen Krankheiten dagegen gehen auf das Konto einer Menschengeschichte, die von Leichtsinn, Ehrfurchtslosigkeit, Verführung und Vergiftung nur so wimmelt.

Ich mache mir das nur kurz klar. Mein Kind will sicher das andere wissen: was es mit alledem auf sich hat, was Angst macht. In der »kleineren Erfahrung« meines Kindes sind es die Bedrohungen auf der Straße, die Gehässigkeiten unter Kindern, der Streit zwischen den Erwachsenen und womöglich die Schläge von anderen, die Lüge, der Diebstahl und anderes mehr. In mir als dem Erwachsenen dagegen wird alles wach, was ich als Böses weiß und wahrnehme: der Hass zwischen Völkern und Rassen, das Gewaltverbrechen, die geistige, die verbale, die gefühlsmäßige und die tatsächliche Gewaltanwendung zwischen Menschen, Gruppen, Parteien, Kirchen, eine Gewaltanwendung, die ihren fragwürdigen Höhepunkt in den Kriegen findet. Woher kommt das nur, wo doch alle vom Frieden reden?

Ich erhalte Klärung, wenn ich mir von der Bibel helfen lasse:

– Der Augenblick, in dem der Mensch Gott absetzen wollte im Versuch, ihm gleich zu werden, der Augenblick, in dem der Mensch sich weigerte, der menschliche Mensch zu sein, dieser Augenblick war das geschichtliche Datum, das den Riss zwischen Gott und den Menschen markiert, den Verlust der »menschlichen Würde« und den Verlust der menschlichen Hoheit.

Die Bibel erläutert, wie als Folge dieser Weigerung die Geschichte der Sünde einsetzt. Das berühmte Brüderpaar Kain und Abel ist beinahe sprichwörtlich geworden und steht stellvertretend für die Entwicklung.

– Von diesem Augenblick an setzte sich dieses Böse fest und begann zu wuchern und sich zu vererben. Selbst die Verhaltensforschung würde hier nicht widersprechen, sondern von Erbmuster und Prägung reden. Lediglich ihr Ausgangspunkt ist anders, aber in den Folgerungen ist das Ergebnis dasselbe.

Nur für den, der die Bibel ernst nimmt und mit ihr Gott, von dem sie redet, wird diese Erkenntnis radikaler, ja unerbittlicher. Sie befreit mich von allen magischen Teufelsbildern und befreit mich zu der Einsicht von Erbe und Schuld. Auch der Begriff der Sünde wird plötzlich plastisch: Verlust des Weges mit Gott mit allen Folgen, die sich daraus ergeben.

Wenn ich mir das alles klar gemacht habe und vielleicht guten Lesestoff zur Vertiefung heranziehe, kann ich sogar die alten Bezeichnungen wieder benutzen: Teufel und Satan. Denn nun sind es Sammelbegriffe für die Metastasen des Bösen und kennzeichnen die Versuchung des Menschen, ohne Gott oder an ihm vorbei die Alleinherrschaft über das Leben zu übernehmen.

Erst jetzt kann ich beginnen, meinem Kind zu antworten:

Mein Kind, Teufel, Dämonen, Gespenster und Vampire gibt es nicht. Das sind alles nur Namen für die Angst, die uns gemacht wird und die wir haben. Alles Böse dieser Welt kommt daher, dass die Menschen nicht tun, was Gott will. Ich will dir jetzt davon erzählen und zeigen, wie du dagegen kämpfen kannst.

In einem fernen Land lebte vor langer langer Zeit ein großer Mann. Er war so groß, dass die Leute ihn einen Riesen nannten. Dieser Riese hieß Offerus. Weil er so groß und so stark war, wollte er dem größten und mächtigsten Herrscher dienen. Deshalb brach er auf und gelangte nach vielen Tagen an den Königshof. Er trug dem König seinen Wunsch vor, und der nahm den Riesen auch sofort in seine Dienste; denn der Mann gefiel ihm, und er hatte gute Augen und war wohl ein friedlicher Mensch. Offerus begleitete seinen König stets, wenn sie ausritten oder ausfuhren. Das Gefühl, dem mächtigsten Herrscher zu dienen, tat gut. Eines Tages begegneten sie einer wilden Reiterschar, die von einem Schwarzhaarigen auf einem schwarzen Hengst angeführt wurde. Der Schwarze trug eine schwarze Rüstung. Er schien der Böse in Person zu sein. Der König aber wich dem schwarzen Ritter aus. Da erkannte Offerus, dass der Schwarze noch mächtiger sein müsste, als sein König. Den verließ er daher und ließ sich vom Schwarzen anwerben. So ritten sie durch das Land. Als sie eines Tages an einer Weggabelung an ein Kreuz gerieten, riss der schwarze Ritter sein Pferd zur Seite, spuckte aus, fluchte laut und jagte davon. Da muss es also einen Herrscher geben, der noch mächtiger ist, dachte Offerus und zog nun allein weiter. Bald nahm er Arbeit bei einem Fährmann an. In einer einsamen Nacht hörte er die Rufe eines Kindes vom anderen Ufer. Er nahm seinen Stock, watete durch den Fluss, nahm das schluchzende Kind auf die Schultern und trat den Rückweg an. Mitten im Fluss wurde das Kind zu einer unerträglichen Last. Wer bist du?, fragte Offerus. – Ich bin Christus, erwiderte das Kind, und heute habe ich dich getauft; denn du trägst Gott und alles Leben: Von heute an sollst du Christophorus heißen, Christusträger.

Wenn ihr betet, sagt Jesus, dann macht das nicht wie die Angeber, die sich nur zur Schau stellen und bei allen Gelegenheiten vor den Leuten auffallen wollen: Seht mal, wie toll und wie fromm ich bin! Ich sage euch: Solch ein Gebet bleibt leer.

Wenn du wirklich beten willst, dann zieh' dich zurück, zum Beispiel in dein Zimmer, mach' die Tür hinter dir zu, und sprich mit Gott, mit deinem guten Vater, der dich bis in alle Abgründe durchschaut.

Wenn du betest, dann rapple auch nicht so viele Worte herunter. Das tun nur die, die wirklich keine Ahnung haben. Manche Leute meinen, sie kämen schneller in Gottes Ohr, wenn sie einen Wasserfall von Worten von sich geben.

Und dann gab er ihnen das berühmte Vaterunser.

(Nach Matthäus 6, 9–13)

Vater unser
im Himmel,
geheiligt werde dein Name.
Dein Reich komme.
Dein Wille geschehe,
wie im Himmel, so auf Erden.
Unser tägliches Brot gib uns heute.
Und vergib uns unsere Schuld,
wie auch wir vergeben unseren Schuldigern.
Und führe uns nicht in Versuchung,
sondern erlöse uns von dem Bösen.
Denn dein ist das Reich und die Kraft
und die Herrlichkeit in Ewigkeit.
Amen.

Gebet

Auf die Frage »Was ist das Gebet?« läuft alles hinaus, was die Beziehung zu Gott betrifft. Kann ich mit ihm reden? Lässt er mit sich reden? Wird er mich hören? Wird er mich erhören? Gibt er mir Antwort? Kann ich mich darauf verlassen? Wie rede ich mit Gott? Gibt es bestimmte Anreden? Oder gar Ausreden?

In diesem Zusammenhang ist die Frage wieder wichtig, warum das Kind fragt. Hinterfragt es mein Gebet? Vermisst es mein Gebet? Hat es das Beten erlebt, als es bei anderen Menschen zu Gast war? Steht eine Kindergartenerfahrung im Hintergrund? Hat es Gebete in der Kirche gehört? Fragt es nach dem Sinn der Tischgebete? Will es beten lernen? Will es dichter an Gott heran? Steht hinter der Frage möglicherweise eine Liste unerfüllter und vielleicht unerfüllbarer Wünsche?

Diesmal ist es schwer, der Frage auf den Grund zu kommen. Das einfachste wäre natürlich, mit dem Kind zu beten. Möglicherweise wäre es das erste Mal. Ich kann dem Kind auch erzählen, wie und wann ich schon für es gebetet habe. Dennoch, die Anfrage bleibt an mich.

Gewiss ist es dann gut, das eigene Beten innerlich zu spiegeln. Die Welt meiner Kindergebete taucht auf, jene kleinen Formen und wohl auch Formeln, in denen ich selber beten lernte. Ich habe sie gehört, ich habe sie gelernt, ich habe sie gesprochen, und ich habe mich in ihnen geborgen gefühlt. Das hat möglicherweise etwas mit Mutter oder Vater zu tun, mit Krankheit oder Glück. Die meisten jedenfalls werden sich an solche kleinen Formen erinnern. Manchmal waren es gereimte Sätze, manchmal waren es kleine Reihengebete, in denen die Namen der Familienmitglieder vorkamen, die Namen der Puppen und der Tiere und der ganze erlebte Alltag.

Wer so etwas erlebt hat, der wird sich an die glücklichen Augenblicke im Kinderzimmer erinnern oder an die Minuten gegen die Angst. Wer es nicht erlebt hat, sehnt sich sicher nach solchen Erinnerungen, weil sie uns einbetten in die Urerfahrung der Menschen, ins Reden mit Gott. Wenn ich heute als Erwachsener mir die Mühe machen will, die Welt des Gebetes neu kennen zu lernen, stoße ich auf eine überraschende Entdeckung: Rings um die Erde wird seit Menschengedenken in allen Völkern und Sprachen gebetet. Ebenso überraschend ist die Fülle der Formen: im Stehen oder Liegen, im Knien oder Tanzen, gesprochen oder gesungen, im Schweigen oder im Lärm, einzeln oder in Gruppen, in Gebäuden oder im Freien, aus Anlässen oder in Routine, in Glück oder in Trauer, im Krieg und im Frieden, in Gottesdiensten, Tempelfeiern, Festen und Jubiläen, vor der Jagd, für Regen, für Sonne, gegen Krankheit, in Not, in Dankbarkeit, in Aggression, in Verzweiflung, in den Formen der Bitte, Fürbitte, Forderung, Danksagung, des Lobpreises, des Jubels, der Litanei, der Beichte, des Tisch- und Abendgebetes, des Reisesegens.

Wie gesagt: Eine überraschende Entdeckung, dass rund um diese Erde seit Menschengedenken der Reichtum des Betens gewachsen ist. Darüber hinaus wird und wurde gebetet in Zelten und Gefängnissen, in Palästen, Schlössern und Bunkern, in Kirchen, Pagoden und Hochhäusern, in Fabriken, Flugzeugen und auf Schiffen. So sehr dies nach Aufzählung klingt, sowenig ist es das; denn es ist eine Bestandsaufnahme: Beten ist allgemein menschlich, Beten ist Ausdruck, Beten ist Hinwendung, Beten ist Zwiesprache und Fürsprache, Beten kennt keine Grenzen, das Gebet bedient sich aller menschlichen Möglichkeiten, Beten ist sowohl spontan als auch fest gefügt, es reicht vom Stoßseufzer über das Ritual tief in alle Liturgien und in literarische Formen. Heutzutage kann ich diese Ökumene des Redens mit Gott vielfach erleben, vor allem aber in guten Büchern aufstöbern und kennen lernen. Die allgemeine Frage, warum Menschen beten, hängt ebenso allgemein mit dem Weltbild zusammen: um das Leben mit den Gottheiten zu regeln und besprechbar zu halten. Für manchen europäischen Zeitgenossen ist das Beten genau aus diesem Grund schwer geworden: Wir wenden uns nicht an jene Götter, die ehemals zuständig gemacht wurden für Ernte oder Jagd. Wir kennen auch nicht mehr jene Angst vor Gewitter oder Flut, die eine Angst vor den entsprechenden Göttern war. Warum also beten?

Das Gebet ist das Atemholen des Glaubens, damit er sich in der Liebe verströmen kann.

Ich bin sehr froh, dass wir nicht mehr eines Gewitters wegen beten müssen, sondern im Gewitter mit Gott reden. Nicht mehr gegen das Feuer, sondern in ihm, nicht mehr für Regen, sondern mitten im Leben, nicht mehr für eine Armee, sondern mitten im Krieg. Durch naturwissenschaftliche Erkenntnisse ist gerade die Welt des Betens befreit von abergläubischem Ballast. Für viele Menschen ist mit dem Verlust solcher Anlässe auch das Beten verloren gegangen. Wer es wieder lernen will oder um seines Kindes willen erklären möchte, braucht eigentlich nur ein offenes Herz.

Offen müsste es sein für den redenden Gott, der sich vernehmbar gemacht hat in der unübersehbaren Vielfalt seiner Geschöpfe; der sich vernehmbar gemacht hat in der ebenso unübersehbaren Vielfalt von Menschen, die ihm nachsprachen, die ihn aussprachen, die zu seinen Dolmetschern wurden.

So ist die ganze Bibel in ihrer Sprachgestalt die verantwortliche Antwort auf das Wort Gottes und die verantwortliche

Inanspruchnahme, ja wörtlich: *In-Anspruch-Nahme* seines Redens.

Die Person Jesu Christi schließlich ist der Inbegriff seines Redens und seiner Deutung, ist die Zusammenfassung dessen, was Gott will, sagt, meint und offenbart. Die Geschichte aller Religionen zeigt letztlich auch das Bedürfnis des Menschen, mit Gott zu reden.

Indianer- oder Eskimogebete sind voller Inbrunst und Tiefe. Die christliche Kirchengeschichte ist abseits von ihren Skandalen und Scheiterhaufen durchädert vom Gebet der Menschen wie von einer Leuchtspur oder einer unverlierbaren Grundmelodie.

Und unsere Gegenwart? Es ist herrlich zu sehen, wie immer mehr Menschen das befreiende Beten lernen, die besonnene Vertiefung, die gestaltete Meditation, das bewusste Kreuzschlagen, die Kontaktaufnahme mit Gott, gelebte Beziehung mit dem Geber des Lebens, Zwiesprache und Anbetung.

Ich kann das sogar üben: Ich kann die gefalteten Hände entdecken als Zeichen des Verzichts auf Macht. Ich kann die aneinander gelegten Hände entdecken als Zeichen der Bereitschaft, ein Geschenk entgegenzunehmen. Ich kann die Hand vor die Augen legen, um Ablenkungen fernzuhalten.

So und anders kann ich üben und entdecken. Stille kann und werde ich entdecken, jene wohltuende Oase des Horchens; und wahrnehmen werde ich, Klarheit und Wahrheit, immer gründlicher und immer deutlicher, selbst auf die Gefahr hin, dass ich meine eigenen Gedanken oder die Fremdeinflüsse von außen mit Gottes Stimme verwechsle. Zunehmend werde ich spüren, was Gott will, ohne ihn je festlegen zu können. Und außerdem werde ich Befreiung und Erleichterung erleben. Denn wie Kinder an der Sprache der Eltern ins Reden finden, so werde ich an der Sprache Gottes zum

Beten kommen. Ich werde alles entdecken, was Beten heißt, eben auch in der Form der Fürbitte.

Vielleicht fange ich dann einfach noch einmal an zu sagen:

Vater unser im Himmel, geheiligt werde dein Name …

Ich finde mich wieder hinein in die wunderbare Anrede der Beziehung und des Vertrauens, finde mich hinein in die Bereitschaft, mich Gott ganz anzuvertrauen, und finde mich dann auch in die Antwort für mein Kind.

Am besten wäre es gewiss, ich würde weniger über das Gebet reden, sondern mit dem Kind beten. Manchmal bedarf es des Mutes. Aber irgendwann werde ich sagen können:

Mein Kind, ich habe früher viel gebetet, weißt du, als …

Damit vertraue ich meinem Kind viel von mir selbst an. Ich kann dann vielleicht manches erklären. Eines Tages schaffe ich es, an seinem Bett zu beginnen:

Lieber Vater im Himmel, es war ein wunderschöner Tag …

Immer weiter führt dieser Weg in gegenseitiges Vertrauen.

Als ich noch Pastor war, habe ich etwas ganz Außergewöhnliches erlebt.

Ich hielt den Sonntagsgottesdienst. Viele Menschen waren in der Kirche, darunter auch viele Kinder. Alte und neue Lieder erklangen, es wurde gelesen und gebetet, die Sonne schickte ihre Strahlen durch die bunten Fenster. Es war alles feierlich, bunt, festlich, fröhlich, andächtig.

Dann stieg ich auf die Kanzel: Predigen wollte ich, es sollte eine Predigt über das Beten werden. Ich gab mir Mühe, das weiß ich noch. Zwischendurch stieg ich von der Kanzel herunter und bat einige Kinder zu mir. Denen zeigte ich, welche Haltung man beim Beten einnehmen kann: stehen, knien, liegen, tanzen, Hände falten, Hände ausstrecken. Die Kinder machten alles gern mit. Da tat sich die schwere Kirchentür auf, und herein kam eine junge Frau, die eine rote Rose in der Hand hielt. Sie ging langsam durch den Hauptgang, auch mitten durch das Schweigen; denn ich schwieg plötzlich auch. Sie ging leise die Stufen hinauf bis zum Altar, steckte die Rose mit in eine Vase und kniete nieder. Die Leute in der Kirche waren wie in einem Bann. Die junge Frau aber vor dem Altar hielt den Kopf gesenkt. Es dauerte lange, bis sie wieder aufstand, noch einmal nach oben sah zum gekreuzigten Christus, sich dann umwandte und genauso leise, wie sie gekommen war, die Kirche verließ.

Wir feierten den Gottesdienst zu Ende. Mir aber war klar: Diese Frau hatte gebetet, wir aber hatten nur darüber gesprochen.

Mein Gott, wenn du redest, behalte ich es tief in meinem Herzen. Was du sagst, macht mein Leben hell und klar, und ich erkenne den Sinn.

Gib mir Mut durch dein Wort. Was ich von dir lese und höre, ist wunderbar und ein Geschenk. Meine Seele passt gut darauf auf. Ich freue mich über dein Wort wie ein Mensch, der sich über eine große Ernte freut.

(Aus Psalm 119)

Bibel

Wenn mein Kind mich fragt »Was ist die Bibel?«, dann mag dahinter ganz schlicht die Neugier auf das dicke Buch stehen. Es kann aber genauso gut darauf hinauslaufen, das Wort »Bibel« erklärt zu bekommen. Letzten Endes müsste ich durch eine Rückfrage klären, woher die Frage stammt.

So oder so, schnelle kleine Antworten mit riesigen Zumutungen bieten sich vorschnell an:
– Die Bibel ist ein altes heiliges Buch. Davon verstehst du noch nichts.
– Komm, hier hast du sie, sieh sie dir an.
– Frag Vater, wenn er nach Hause kommt. Ich weiß nicht, wie ich dir das erklären soll.

Ganz schnell merke ich als Erwachsener, dass solch eine Frage einen inneren Umfang hat, der mich vor Probleme stellt. Immerhin, wenn die Bibel mir selber vertraut ist, mag es leichter aussehen. Dennoch: Was die Bibel mir selbst bedeutet, ist einem anderen und vor allem einem Kind sehr schwer zu vermitteln.

Entweder also ist die Bibel für mich ein Buch mit sieben Siegeln, oder aber ich lebe in ihr. Im ersten Fall kann ich meinem Kind beinahe gar nichts sagen und muss für mich selber neu anfangen oder aber Hilfe von außen holen. Im zweiten Fall habe ich so viele Voraussetzungen, dass mein Kind es schwer haben wird. Es gibt allerdings noch den dritten Standpunkt: dass ich mich aus Überzeugung oder aus Vorurteil in Gegnerschaft zur Bibel befinde. Dann sollte ich mir aus Liebe zu meinem Kind umso mehr Gedanken machen, wie ich antworten will. Schließlich gibt es auch Menschen, denen eine solche Frage völlig gleichgültig ist. Sie werden diese Zeilen gar nicht erst lesen. Aber es könnte doch sein, dass ich ihren Kindern begegne, die vielleicht gerade deswegen viel von mir wissen wollen.

Wir begeben uns somit hinein in die Entdeckung der Heiligen Schrift. Das kann viel Zeit kosten. Bis dahin wird mein Kind auch warten können, wenn ich ihm erkläre, warum ich diese Zeit brauche.

Es ist beeindruckend, welch hohe Bedeutung die Bibel für Menschen hatte und hat: für den eigenen Glauben, für den Kampf um Freiheit, für die Kraft im Alltag, für das Glück zwischen Menschen, in Trauer und Angst, für Meditation und Reise, für Gespräch und Schweigen.

Es ist aber auch bedrückend, welch schreckliche Folgen der ständige Streit um die Bibel hatte und hat. Wie arrogant und rechthaberisch Theologen und solche, die meinten, Theologen zu sein, aber ebenfalls Laien aller konfessionellen Richtungen sich buchstäblich um die Bibel schlugen und schlagen mit unerträglicher Besserwisserei und gewalttätiger Frontenbildung.

Vielen ist die Heilige Schrift verdächtig geworden, gerade weil sie so umstritten ist und jedermann seinen eigenen Wahrheitsanspruch daraus ableitet. Im Motiv ist manches dabei sicher sogar gut gemeint, in den Folgen jedoch hat der Streit unübersehbares Elend gebracht. Im Streit um die Bibel bieten Kirchen und Konfessionen bis heute einen einzigen Skandal. Dagegen muss ich erst einmal anglauben und andenken, damit ich wieder offene Augen bekomme. Es lauern hier nämlich drei Gefahren:

1. Die Tradition: dass ich der Versuchung erliege, die Aussagen über die Bibel deswegen für richtig zu halten, weil sie meiner Tradition entsprechen, in der ich aufgewachsen bin.

2. Die Naivität: dass ich der Versuchung erliege, die Bibel so einfach geradeaus verstehen zu wollen, als sei sie gestern für mich geschrieben.
3. Die Ideologie: dass ich der Versuchung erliege, einer theologischen Richtung oder Schule den Eid zu leisten.

Wenn klar ist, dass alle drei Gefahren in ihrem Kern auch etwas Gutes bergen, dann, aber auch erst dann kann ich mich ohne Scheuklappen diesem wunderbaren Buch nähern, mich ihm aussetzen und im tiefsten Sinn in ihm suchen und finden.

Die Bibel ist an Gottes Wort in Gang gekommene Antwort!

Unter dieser Überschrift kann ich mich unbelastet auf die Spur der Heiligen Schrift setzen, um ihren Herzschlag zu entdecken.

Das Wort Bibel heißt ganz einfach »Bücher« und ich kann mir diese Summe von einzelnen Büchern durchaus in einem Regal vorstellen. Dass wir die Bibel heute als *ein* Buch kennen, ist Ergebnis der Buchdrucker- und Buchbinderkunst. Ihre beiden Buchdeckel sind eigentlich so etwas wie die Außenwände des Regals. Wenn ich die Begriffe »Heilige Schrift«, »Wort Gottes« oder »Buch des Lebens« anwende, komme ich der Bedeutung viel näher.

In ihren unterschiedlichen Schriften umfasst die Bibel einen Zeitraum von etwa 1000 Jahren, also ungefähr von 900 vor Christus bis 100 nach Christus. Hinter den annähernd 70 Schriften stehen ungefähr 100 Verfasser.

Das ist nicht nur eine geschichtliche Aussage, ich mache mir daran auch klar, dass es 1000 Jahre Reden von Gott bedeutet, 1000 Jahre Ringen um Wahrheit – und dies obendrein in vielen höchst unterschiedlichen Sprachen und Dialekten, aus höchst unterschiedlichen Situationen und Erfahrungen und mit ebenso höchst unterschiedlichen Zielen und Adressen. Im Vergleich dazu: Ein Feldpostbrief von der Front im Zweiten Weltkrieg hat einen völlig anderen Hintergrund als der Ferienbrief eines Patenonkels von Mallorca, selbst wenn beide dasselbe Thema haben.

Wenn ich wieder an die Bibel denke, stelle ich mir vor, wie und wo sie geschrieben wurde: im Zelt und auf dem Schiff, in Häusern und auf der Straße, im Gefängnis und am Schreibtisch, auf Stein, Leder, Papyrus und Pergament, in Zeiten des Krieges und in Zeiten des Friedens, auf dem Zug durch die Wüste oder in der Einsiedelei eines Eremiten.

So sind auch die Erfordernisse, Zeitvorstellungen, Weltbilder und persönlichen Schicksale höchst unterschiedlich. Das schmälert in keiner Weise die Eindeutigkeit der Bibel, bringt aber die Aufgabe mit sich, der Heiligen Schrift mit mehr Respekt zu begegnen. Gemeint ist ein doppelter Respekt: zum einen die Achtung vor dem Inhalt, der Kunde von Gott gibt, und zum anderen die Achtung vor dem Sprachgewand. Das geht mir – allerdings auf einer ganz anderen Ebene – doch genauso mit den Briefen, die ich schreibe.

Für die Christen dieser Welt ist die Bibel verbindliche Grundlage, ja Autorität. Jedenfalls sagen das die Christen, meinen es wohl auch so, vergessen es aber ebenso oft.

Die Bibel bietet einen großen Reichtum an Formen:

Gedichte: Ich denke an das Strophengedicht des Amos, an den Gesang der drei Männer im Feuerofen oder an die Psalmen.

Hymnen: die Lobgesänge der Hanna, der Maria oder des Zacharias.

Erzählungen, Berichte, Darstellungen, so etwa der Auszug aus Ägypten, die Liebesgeschichte der Rut und die Bücher der Könige.

Predigten, wobei ich vor allem an die berühmteste denke: die Bergpredigt.

Bekenntnisse, Abhandlungen, Gebete, Sendschreiben, Gleichnisse, Statistiken, Lehrbücher, Gesetze, Naturbeschreibung und theologische Lehre.

Nur Beispiele für eine Vielfalt, die den Leser beinahe erschlägt und manchen davon abhält, sich der Bibel zu widmen. Aber diese Vielfalt kann auch begeistern.

Die Bibel ist eine große Zeugnissammlung über das Fassliche und das Unfassliche aus Gottes Hand und eine ebenso kritische wie ehrliche Dokumentation über Gelingen und Scheitern des menschlichen Lebens.

Ich kann die Bibel nicht in einem Zug durchlesen. Dazu ist sie auch gar nicht geschrieben. Ich kann sie auch nicht beliebig aufschlagen. Wenn mir etwas an ihr liegt, brauche ich Geduld und kleine Schritte.

Bei der Beschäftigung mit der Bibel werde ich immer wieder fasziniert sein von der poetischen Kraft der Sprache, von der Leidenschaft ihrer Menschen zu Gott, fasziniert von alten schweren Worten wie Gnade, Frieden, Gerechtigkeit und Vergebung, von Worten, deren Inhalt darauf wartet, sich bei mir einnisten zu können. Ich werde auch fasziniert sein von der Schärfe des Urteils, von der Demut der Schreiber, und trotz des großen zeitlichen Abstands werde ich bald den Atem jener Zeitgenossen spüren und auch die Glut ihrer Bekenntnisse.

Ich entdecke die Originalität und unbändige Kraft der Bibel und begreife mehr und mehr, warum die ganz Großen und die ganz Kleinen der Kirchengeschichte in der Heiligen Schrift zu Hause waren und sind.

Von der ersten bis zur letzten Seite erzählt die Bibel Gottes Wunder.

Wenn ich mir klar mache, dass die Bibel in über 1500 Sprachen übersetzt vorliegt und rund um die Welt geliebt und errungen wird, dann erinnere ich mich an die Frage meines Kindes und besitze viele Möglichkeiten:

- Wir gehen gemeinsam in eine Kirche und blättern in der großen Altarbibel.
- Wir setzen uns ungestört in eine Ecke der Wohnung und blättern in der Familienbibel.

73

– Ich kaufe eine Kinderbibel, und wir beginnen, gemeinsam zu lesen.
– Ich kümmere mich um das Religionsbuch.
– Wir besuchen zusammen den Gottesdienst.
Noch besser: Ich fange nach all diesen Vorüberlegungen an, meinem Kind zunächst einmal *über* die Bibel zu erzählen, über ihre Bedeutung, Geschichte, Sprache und Kostbarkeit.

Dann gehe ich einen Schritt weiter und fange an zu erzählen:

Mein Kind, auf den ersten Seiten der Bibel lese ich etwas über den Anfang der Welt, geschrieben wie ein Lied, von Menschen geschrieben, die Gott danken wollten und von der Schönheit unserer Erde erzählen …

Nach dieser Einleitung kann ich meinem Kind in Bildern erzählen, so erzählen, dass es die Geschichte malen kann. Immer tiefer finde ich so selber in die Bibel hinein, nehme vielleicht Bücher und andere Menschen zu Hilfe, werde aber vor allem entdecken, dass die Bibel aus dem und vom Wort Gottes lebt.

––––––––––––

Sie saßen beide an der Mündung des breiten Flusses. Sie träumten und dachten und sahen dem Flug der Vögel nach.
Woher kommt das viele Wasser fragte das Mädchen.
Die Großmutter schwieg.
Woher kommt das viele Wasser?
Das Mädchen blieb hartnäckig.
Das Wasser kommt von weit her.
Die Antwort kam langsam und bedächtig.
Von wo weit her, wollte das Mädchen wissen.

Von sehr weit her, war die Antwort.

Von wie weit her?

Durch viele Gegenden, durch viele Lande, in Schlangenlinien oder geradeaus.

Irgendwo muss es doch her kommen!, beharrte das Kind.

Von den Bergen, sagte die Alte.

Und da?

Da hat der Fluss seine Quelle, meinte die Großmutter ruhig.

Sie schwiegen.

Die alte Frau aber hoffte, dass das Kind verstand, dass sie von der Bibel sprach.

Herr, unser Gott, du bietest uns Obhut im Leben und im Sterben. Denn du lebst, bevor du die Welt und das Weltall geschaffen hast; du bist unser Gott ohne Anfang und Ende, von Ewigkeit zu Ewigkeit. Du bist bei uns, wenn wir sterben und du sagst: Kommt zu mir, meine Menschenkinder.

Was wir unter einem langen Leben verstehen, ist bei dir wie eine Sekunde oder wie ein Tropfen im Meer. Unsere Zeit verrinnt wie Sand, sie fließt wie ein Strom, und sie wirkt wie ein Traum oder auch wie eine Blume, die morgens noch blüht, am Abend aber schon welk wird. Wir reden schon von einem langen Leben, wenn wir siebzig oder achtzig Jahre alt werden. Dabei vergehen diese Jahre wie im Flug.

Hilf uns, dass wir auch an das Ende unseres Lebens denken, damit wir gewissenhaft leben.

(Nach Psalm 90)

Tod

Hinter der Frage »Was ist Tod?« versammeln sich zunächst kindliche Neugier, oftmals Spannung, Beobachtung. Es kann aber auch sein, dass das Kind aus Erfahrung spricht: Es erlebt die kleinen Tode mit, den toten Vogel, den überfahrenen Igel, das tote Insekt. Es kann auch sein, dass es aus einer größeren Erfahrung heraus spricht: vom Tod eines anderen Kindes oder vom Sterben eines Familienmitglieds. Unter Umständen kommt die Frage auch aus einem Fernsehfilm heraus oder durch eine Lesegeschichte.

Wir Erwachsenen erleben beim Kind sehr unterschiedliche Reaktionen. Der Spannungsbogen reicht von vitaler Neugier und Begeisterung über sprachlose Teilnahmslosigkeit bis hin zu Übersprungverhalten wie Gelächter oder Albernheit und bis zu tiefer Verzweiflung und Trauer. Ich muss daher mit der Kinderfrage sehr behutsam umgehen, weil ich von vornherein nicht weiß, welche Reaktion die ganz tiefe ist.

Darüber hinaus hat das Kind Verdrängungsmechanismen zur Verfügung, die es ihm erlauben, von der Nachricht über den Tod in Sekunden zum ausgelassenen Spiel überzugehen. Schließlich kommt beim Kind vor allem die Angst hinzu, wenn es sich um den Tod geliebter Bezugspersonen handelt. Es geht dabei um eine urtümliche Angst, die das Herz zerreißt und die Welt des Kindes zerstört. In jedem Fall steht bei dem Kind die Angst höher als die Trauer, zumal ein Kind selten in der Lage ist, Trauerarbeit zu leisten. Es kann auch die entsprechende Stimmung in einem Trauerhaus kaum aushalten und wird sich mitten im Meer von Tränen einem Micky-Maus-Film zuwenden können.

Genau aus diesem Grund ist das Kind auch in der Lage zu trösten. Es bringt Erwachsene mitten in ihrer Verzweiflung zum Streicheln und Lächeln und wird sich ebenso in der unverbrauchten Kühnheit seiner Hoffnung dem Alltag zuwenden. Erwachsenen ist dieses Verhalten eines Kindes oft unverständlich. Aber die Mahnung: Sei leise! geht am Gefühl des Kindes vorbei. Es will ganz etwas anderes: wissen, geborgen sein, spielen, beteiligt sein und so einbezogen werden, dass es die Erlebniswelt der Erwachsenen in seinem Horizont begreifen kann. Deshalb ist es wichtig, wie wir uns dem Kind ernsthaft zuwenden: nicht in der Form der Ablenkung, sondern in der Form des Einbeziehens.

Daneben gibt es für das Kind noch eine ganz andere Ebene, dem Tod zu begegnen: in Sendungen und in Serien, in Straßengesprächen und auf Plakaten. Es ist eine Ebene auf Abstand. Denn hier sieht das Kind Tode, die in ihrer Brutalität und Vielzahl so weit weg sind und gleichzeitig so unfasslich, dass sie schon nicht mehr betreffen.

Ich habe Kinder, auch kleine Kinder beim Indianer-Spiel, beim Stuntman-Üben beobachtet, ja selbst beim Genickschussspiel und Ähnlichem, sodass mir als Erwachsenem das Frieren kam. So schlimm das alles auch ist und auf Dauer sicher die Folgen der Verrohung und des Gewissensverlustes haben kann, so wenig wird das Kind zunächst im Innenraum seiner Seele beeinträchtigt. Dieselben Kinder etwa, die Genickschuss spielten und sich nacheinander in den Sandkasten fallen ließen (der Jüngste war dreieinhalb Jahre alt), kamen wenig später zu mir mit einem toten Vogel, den sie dann unter Tränen begruben.

Wenn ich mit meinem Nachdenken bis hierher gekommen bin, werde ich über Strecken mich selbst entdeckt haben, meine Erfahrungen und meine Gefühle. Vielleicht bin ich so-

gar in der Lage, mein Gedächtnis auf meine Kindheit zurück-
zuschalten. Vieles ging mir doch genauso bis hin zum begeisterten Entsetzen.

Wenn ich nun meine Gedanken auf das Grundproblem ver-
sammle, stelle ich fest: Seit Menschengedenken kreisen die
Menschengedanken um Sterben und Tod. In den so genannten Natur- und Primitivvölkern (ohne Wertung formuliert)
besteht die kreatürliche Angst vor Sterben und Tod ebenfalls,
aber beides wird nicht als Katastrophe, nicht als Unheil erfahren. Das Wissen um das Ende gehört zum Wissen um den Anfang. Wesentlich blieb immer die Angst vor dem Sterben,
nicht aber die Angst vor dem Tod. Wesentlich blieben auch
Trauer und Tränen, nicht aber Verzweiflung oder Ersatzhal-
tung. Mit Letzteren sind jene frommen und unfrommen Lügen gemeint, die dem Menschen vorgaukelten, da sei jemand
für Volk und Vaterland gestorben oder für eine Idee oder der-
gleichen. Gewaltsames Sterben ist nie und nirgends im Sinn
des Schöpfers. Aber mein Kind will dies zunächst gar nicht
wissen. Es will sehr grundsätzlich etwas wissen.

So mache ich mir klar: Sterben und Tod bedeuten das Ende
all dessen, was lebt. Alles Lebendige dieser Welt unterliegt
diesem Gesetz. Das ist eine Sachaussage, die ich in Bezug auf
den Menschen noch verstärken kann, indem ich die medizi-
nischen Möglichkeiten erkläre, mit denen man den Tod fest-
stellt. .

Ich kenne auch die Folgen des Todes: die Verwesung und
das alte »Erde zur Erde, Staub zum Staube«. Ich kann meinem Kind sicher auch Auskunft darüber geben, wie lange ein
»normales« Leben dauert. Doch mit allen Fach- und Sach-
aussagen komme ich dem eigentlichen Problem nicht nahe.
Da entdecke ich ganz einfache Sätze:
- *Alles Lebendige muss einmal sterben.*
- *Alles Lebendige will leben.*
- *Alles Lebendige wehrt sich gegen das Sterben.*

- *Alles Lebendige kämpft für das Leben.*
- *Ich bin ein Mensch und weiß, dass ich einmal sterben werde.*
- *Ich wünsche mir ein langes und gutes Leben.*
- *Ich habe Angst vor dem Sterben, weil ich nicht weiß, wie und wo es sein wird.*
- *Oft hat der Mensch auch Angst vor dem Tod, weil sein Wissen schon gar nicht, aber sein Glaube oft auch nicht darüber hinaus reichen.*

Zu diesen Sätzen kommen noch unsere Todeserfahrungen:
- die eigene Krankheit;
- der Verlust von Arbeit;
- der Verlust von Freundschaft und von sozialen Bindungen;
- der Verlust von Heimat;
- der Verlust von Hoffnung;
- der Verlust von Liebgewordenem;
- der Verlust von Tieren und Pflanzen;
- der Abschied von Menschen, auch der endgültige.

So machen wir alle längst vor dem Tod Sterbeerfahrungen. Alle Ängste, die sich hier bilden, sind Todesängste.

Unsere moderne Welt hat Mechanismen entwickelt, um diese tiefen Erfahrungen zu überschminken, indem sie nahezu alles für ersetzbar und wiederholbar erklärt. Genau hier liegt der Trugschluss.
- *Ich bin ein Original, wie jeder Mensch ein Original ist.*
- *Jeder Augenblick meines Lebens ist einmalig und unwiederholbar.*

Das ist erst einmal die allgemeine Wahrheit und deswegen ist das Leben auch so kostbar, so verletzlich und verwundbar. Wer sich dieser Erkenntnis stellt, wird den Tod als Faktum und Feind des Lebens sehen; der wird aber auch das Leben als Gabe und Geschenk werten.
- *Aus der Wertung des Lebens ergibt sich die Würdigung des Todes.*

- *Aus der Würdigung des Todes ergibt sich die Wertung des Lebens.*
Jetzt bin ich ganz dicht dran an dem, was die Bibel sagt über das Ende. Und ich bin auch dicht dran an dem, was sie über die Endgültigkeit und die Bedrohlichkeit sagt. Überhaupt bin ich mit meinen Gedanken jetzt ganz dicht am Wesen des Lebens. Aber bevor ich da weiterkomme, werde ich zunächst meinem Kind Auskunft geben können.

Ich beginne zu erzählen von all den Stationen in meinem Leben, in denen ich Todeserfahrungen gemacht habe. Ich erzähle es in der Mischung zwischen Sachauskunft und Vertrauensbeweis, und behutsam, ganz behutsam werde ich mein Kind einweisen in meine Erkenntnisse. Es wird sogar der Tag kommen, an dem ich mein Kind selbstverständlich mit zu einem toten Menschen nehme, von dem die Angehörigen Abschied nehmen, ich werde es auch mit zum Friedhof nehmen, es wird Ehrfurcht lernen, aber auch die Berührungsängste verlernen. Wir werden zusammen weinen und beten können, schweigen und reden, weil wir uns geborgen wissen in Gottes Hand.

Mein Kind, wir alle sind geboren, um zu leben. Deswegen feiern wir auch Geburtstag, weil wir uns über unser Leben freuen und Gott danken, dass es uns gibt. Eines Tages aber wird jeder Mensch sterben. Menschen, die sich lieb hatten, werden viel weinen und traurig sein, wenn sie für immer voneinander Abschied nehmen müssen. Wenn Menschen lange krank waren oder sehr alt werden, dann ist der Tod keine Überraschung, obwohl die Traurigkeit genauso groß ist. Aber wenn der Tod plötzlich kommt, etwa. durch einen Unfall, dann sind die Menschen verzweifelt. Weißt du, es ist deshalb so wichtig, davon überzeugt zu sein, dass Gott uns nach dem Tod in die Arme nimmt. Dann sind wir bei ihm.

Die Eltern gingen mit ihren drei Kindern in das Sterbezimmer der Oma. Alle wussten, dass es zu Ende ging.

Angst und Beklemmung befiel die Kinder.

Sie hatten das Sterben und den Tod noch nie erlebt.

Als sie das Zimmer betraten, schien die Oma zu schlafen.

Bleich war ihr Gesicht, und alles war fast unheimlich still.

Da ging die Mutter nahe an die Sterbende heran und kühlte ihr mit einem feuchten Tuch die heiße Stirn. Sie benetzte auch die trockenen Lippen.

Dann stellte jedes Kind eine leuchtende Kerze auf den Nachttisch, sie fassten sich bei den Händen und stellten sich um das Bett herum.

Der Vater begann zu singen: Lobe den Herren, den mächtigen König der Ehren …

Als die Strophe zu Ende war, schlug die Sterbende die Augen auf und lächelte.

Ich weiß, dass es mit mir zu Ende geht, hauchte sie leise.

Und nun betet mit mir das Vaterunser.

Das taten sie, während sie weinten; denn der Abschied tat weh.

Als sie gebetet hatten, streckte die Oma die Hand aus, als wollte sie alle segnen.

Dann aber fiel die Hand herab, der Kopf neigte sich zur Seite, sie war tot.

Es war, als wäre ein Licht verloschen, so plötzlich, so endgültig.

Da traten die Kinder näher und gaben der Toten einen Kuss, wie es ihnen die Mutter gesagt hatte.

Unser Körper wird nach dem Tod nicht bei Gott zu Hause sein. Alles, was verwest, kommt nicht in die Ewigkeit. Ich verkündige euch ein Geheimnis: Unser Wesen, unser Ich bekommt eine neue Gestalt oder auch eine neue Bedeutung, eine neue Würde. Als läge eine große Ostermusik über der Welt: So erreicht jeden von uns der Augenblick, wo Gott uns in seine Nähe beruft.

Es ist, als würden wir unsere irdischen Gewänder ablegen, sodass wir dann frei und offen sind für Gottes Umhüllung.

So können wir Gott nur danken, dass er uns durch Jesus Christus befreit hat und neues Leben schenkt.

(Aus 1. Korinther 15)

Auferstehung

Wenn mein Kind mich fragt: »Was ist Auferstehung?«, stehe ich ziemlich hilflos da, was die Art des Antwortens betrifft. Selten nämlich entsteht diese Frage einfach aus Fragelust. Meistens hat sie einen Anlass oder eine tiefe Ursache.

– *Wo ist Oma jetzt?*
– *Kann sie mich sehen? Kommt sie wieder?*
– *Wo komme ich hin, wenn ich einmal tot bin?*
– *Sehen wir uns wieder?*

Schnelle Antworten reizen: Im Himmel! In der Ewigkeit! Bei Gott!

Mag sein, dass ein Kind sich zunächst zufrieden gibt. Aber es wird Bilder entwickeln. Bei dem Wort »Himmel« wird es nach oben sehen. Bei dem Wort »Ewigkeit« wird es nahezu nichts empfinden. Darin liegt die Gefahr; denn ein Kind stellt diese Frage als Beziehungsfrage, auf deren Antwort es sich verlassen möchte, weil es sich sonst verlassen fühlt. Wenn ich selber Schwierigkeiten habe, kann ich diesmal mit gutem Grund das Kind um Aufschub bitten. Ich kann ihm klar machen, dass ich selber zunächst Klärung brauche. Ich kann es sogar ein wenig einweihen in meine Hilflosigkeit und dadurch zum Gefährten meiner Suche ernennen. Aber dann muss ich an die innere Arbeit, ob ich will oder nicht.

Seit Jahrtausenden entwickeln die Völker dieser Erde Jenseitsvorstellungen.

– Der Glaube an die ewigen Jagdgründe hilft, dem plötzlichen Tod einen Glanz früher Vollendung zu verleihen.

- Der Glaube an eine unsterbliche Seele hilft, dem Tod die Radikalität zu nehmen und dem Menschen etwas Göttliches zu belassen.
- Der Glaube an einen Himmel oder ein Schlaraffenland ähnliches Paradies hilft, das Elend des Lebens und die Schrecken des Todes zu überwinden.
- Der Glaube an eine Wiedergeburt oder an eine Wiederkunft hilft, die Endgültigkeit des Abschieds zu enthärten.

So und ähnlich haben sich Menschen, Völker und Religionen zu allen Zeiten Vor-Stellungen gebaut. Ich lächle überhaupt nicht über solche Versuche, erzählen sie mir doch davon, wie tief die Liebe zum Leben und der Widerstand gegen Leiden und Tod verwurzelt sind. Dass dieser tief sitzende Aufstand gegen Leiden und Tod und die damit verbundene Sehnsucht nach Wissen um das Danach in den Religionen und Kirchentümern oft missbraucht wurden in Form von Verketzerungen und Verfolgungen, steht auf einem anderen Blatt und ist eine Schande.

Außerdem ist mit allen solchen Vorstellungen der Wille zur Erinnerung verbunden. So entstanden Häuptlingsgräber, Pyramiden, Friedhöfe, Denkmäler, Mausoleen und Grüfte. In vielen Völkern ging und geht es über die Erinnerung hinaus: Totenkult und Geisterbeschwörung entstanden und regelten die Verbindung zu den Verstorbenen. In manchen Dörfern Afrikas kennt man heute noch die Auffassung, dass drei Generationen anwesend sind: die Gewesenen, die Lebenden und die Zukünftigen.

Ich mache mir dies auf Grund der Frage meines Kindes nur andeutungsweise kurz klar und rufe mir damit ins Gedächtnis, dass ich mit meiner Antwortsuche keinesfalls allein stehe. Gehe ich mit solchem Wissen liebevoll um, entdecke ich noch mehr: Hinter all diesen Bildern und Sehnsüchten steht die Hoffnung auf ausgleichende Gerechtigkeit. Wenn ich es schon in dieser Welt so schlecht habe, dann soll es im Himmel besser werden. Ebenso steht hinter solcher Sehnsucht der Wunsch, dass es den Schweinehunden dieser Erde, den Brutalen, Ausbeutern und Gangstern aller Schattierungen, auch den Politgangstern und den Religionsgangstern entsprechend schlecht gehen möge. Alle Höllenvorstellungen dieser Erde beruhen auf dem Rache- und Gerechtigkeitsgedanken armer und hilfloser Menschen. Bei solchem Befund der Religionsgeschichte wird es vielleicht sogar leiser in mir, weil ich spüre, dass es ein Stück Verzweiflungs- und Hoffnungsgeschichte ist.

Dieser kleine Einblick stellt mich selber in den großen Strom der einst Sterbenden und jetzt Hoffenden. In diesem Strom bin ich mit meiner Angst zu Hause, aber eben auch mit meiner Hoffnung. Das macht mich frei, in die Bibel zu horchen, um auf die Spur dessen zu kommen, was ich meinem Kind antworten will. Dabei mache ich mir klar, dass Antworten für Kinder immer dann gut sind,
– *wenn sie vom Besten erzählen, was ich glaube;*
– *wenn sie vom Wichtigsten berichten, was ich weiß;*
– *wenn sie vom Deutlichsten künden, was ich träume;*
– *wenn sie vom Zärtlichsten Auskunft geben, was ich empfinde.*
Dann, aber auch nur dann wird mein Kind erleben, was Freiheit ist, und zwar hier: die Freiheit zu glauben.

Die Bibel macht mir klar, dass der Tod wirklich ein absolutes Ende ist, das durch nichts, auch durch keine noch so fromme Konstruktion übertüncht werden kann. Die Bibel nimmt den Tod des ganzen Menschen wirklich ernst. Das hindert mich nicht, das Vermächtnis eines Menschen als vorläufig bleibend ernst zu nehmen: die Musik, die er schrieb, die Briefe, die ich von ihm habe, die Zeichnungen, die von ihm stammen, den Baum, den er pflanzte, die gemeinsamen Erlebnisse, seine Wirkungen. Ich nenne dies das Lebenswerk eines Menschen und natürlich leben Menschen auch in den kommenden Generationen weiter, auch blutsmäßig, also hinsichtlich der Vererbung.

Doch das alles ist nicht der Mensch selbst. Er stirbt. Ich sterbe.

Hier beginnt die Bibel vom Glauben an die Auferstehung zu reden. Ich erinnere mich jetzt an das, was ich von Jesus Christus erfahren habe. Aus diesem Glauben folgen die nachstehenden Sätze:

– Unter »Himmel« verstehen wir Gottes Machtbereich, sein Hoheitsgebiet, sein Reich. Darüber hinaus auch seine Anwesenheit, die Zone, in der nur sein Wort gilt; man könnte auch sagen: sein Revier. Ich merke schnell, dass kein Wort, und sei es noch so modern, ausreicht, um Gottes Reich zu erfassen. Mir hilft diese Einsicht; denn Gottes Machtbereich muss größer sein als menschliches Begriffsvermögen. Wäre es anders, wäre Gott für den Menschen verfügbar.

– Unter »Ewigkeit« verstehen wir Gottes ganze Wirklichkeit. Normalerweise denken wir bei Wirklichkeit an das, was wir sehen, anfassen und beweisen können. Dagegen ist auch nichts zu sagen. Selbst wenn ich diese Sichtweise bis an den Rand des hintersten Weltraums treibe, werde ich allerdings nicht die ganze Wirklichkeit kennen. Ganze Wirklichkeit heißt ganze Wahrheit.

Auch hier merke ich schnell, dass kein Wort ausreicht, um das Gemeinte auch nur annähernd zu erfassen. Es bleibt bei einer Art Gestammel, und wenn es sich noch so hochgestochen gebärdet: Ewigkeit ist so etwas wie der Großraum des Lebens, das Ganze, Gott ganz, Gott in Wahrheit.

– Davon hat Jesus Christus gesprochen. Er hat uns Menschen auf diesen Gott hingewiesen.

In diesem Augenblick, wo ich das anerkenne, wird der Begriff der Wirklichkeit viel größer und weiter und ich kann sagen:

– Überall, wo Gott ist, ist Ewigkeit.
– Überall, wo Gott ist, ist Himmel.
So bin ich zeit meines Lebens von Gott umgeben, also von seiner Ewigkeit. Gilt das für mich, dann weiß ich, dass meine Zeit eingebunden ist in Gottes Ewigkeit.

Ich sage das in einem Bild von heute: Ich fahre mit meinem Auto in einer Fähre. Ich sitze in meinem Auto. Aber gleichzeitig sitze ich in der Fähre. Steige ich aus dem Auto aus, dann steige ich in den Großraum der Fähre, der mich vorher schon umgab.

Alle Bilder haben Grenzen, so auch dieses. Aber es hilft mir, den »Ausstieg« aus meinem kleinen Lebensraum als »Einstieg« in Gottes großen Lebensraum zu werten, der mich vorher schon umgab. Von diesem Augenblick an herrschen allein Gottes Bedingungen, es sind Bedingungen des neuen Lebens.

Weiter komme ich eigentlich nicht an irgendein Wissen heran. Das bekümmert mich nicht. Ich halte mich deswegen auch nicht für naiv. Im Gegenteil: Ich finde, dass das restlose Vertrauen auf die Worte dessen, der sich dafür kreuzigen ließ, jedem Menschen gut ansteht.

Das Neue Testament überschlägt sich förmlich in der Freude über solchen Glauben, der das Herzstück des Christentums ist.

– Für den Glaubenden, der Hoffnung sucht, sind alle Gräber leer.
– Die Hoffnung findet ihren Halt an der Ewigkeit.
Glauben können, dass Gott der Schöpfer und der Neuschöpfer des Lebens ist.

Glauben können, dass Gott mich neu schafft, meinem Leben neuen Bestand gibt.

Glauben können, dass der Tod nicht das letzte Wort hat, und glauben können, dass das neue Sein, das neue Wesen, der neue Mensch das Ziel des Schöpfers ist.

Mit solchen Sätzen befinde ich mich am Rande der Unzulässigkeit; denn was kann ich als Mensch schon über Gott sagen? Aber ich habe keine Hemmungen, mich so auszusprechen, auch weil ich es brauche. Und als Folge dieses Glaubens leite ich vieles für mein Leben ab:
– empfinden, dass ich geborgen bin;
– begreifen, dass ich mich für das Leben einsetze;
– erkennen, was Widerstand gegen die Todesgläubigkeit bedeutet;
– bekennen, dass ich nach meinem Tod aufgehoben bin bei Gott.
Mit meinem Nachdenken stehe ich jetzt beinahe wieder am Anfang; denn ich müsste nun alles erst einmal sorgfältig einordnen.

Ich könnte mich auch den wunderbaren Texten der Bibel widmen.

Ich könnte …

Aber ich will ja vor allem meinem Kind antworten:

Mein Kind, das Reden fällt mir ziemlich schwer, aber ich erzähle dir, woran ich glaube.

Und genau dieses Erzählen mit eigenen Worten, aus dem eigenen Vorrat wird beiden helfen und vor allem die Hoffnung erweitern.

Mein Kind, das Leben ist so groß und weit, dass man es nicht messen kann. Ich habe dir hier ein Haus gemalt, das viele Zimmer hat. Mein Leben ist wie ein solches Zimmer. Wenn ich eines Tages sterbe, verlasse ich mein Lebenszimmer. Ich bin dann aber immer noch in demselben Haus, in dem mein Zimmer war. Das große Haus des Lebens nennen wir Ewigkeit und das kleine Zimmer nennen wir Lebenszeit. Jesus hat gesagt, dass wir eines Tages nur noch in der Ewigkeit sind, im großen Lebenshaus. Ich glaube ihm. Wie es da ist, das weiß keiner. Aber ganz sicher wird das Leben neu, ganz anders als jetzt, aber eben ganz neu. Darauf verlasse ich mich, und deshalb bin ich auch so ruhig, wenn ich an den Tod denke.

Es war meine kleine Konfirmandengruppe in der großen Stadt.

Sie wurden bald zu einer verschworenen Gemeinschaft. Eberhard gehörte auch dazu. Sein Vater hatte ihn angemeldet, obwohl der Junge Leukämie hatte, also Blutkrebs, unheilbar.

Alle wussten es, auch Eberhard. Wir sprachen offen darüber, ohne Scheu und Hemmung, aber wir sprachen nicht zu oft darüber, sondern machten Konfirmandenunterricht, nicht als wäre nichts, sondern weil das da war, die Krankheit, die zum Tod führt.

Es kam der Tag, als Eberhard nicht mehr ins Gemeindehaus kommen konnte. Kathrin machte den Vorschlag, dass wir den Unterricht ja auch in Eberhards Krankenzimmer verlegen könnten. So geschah es.

Eberhard wurde immer dünner, bleicher und war vom Tod gezeichnet. Aber er beteiligte sich lebendig an den Gesprächen, lächelte, konnte sogar Witze machen. Lange vor der Konfirmation der Gruppe bat er mich: Pastor, bitte, konfirmier mich. Ich habe keine Zeit mehr.

Wir bereiteten alles vor für den nächsten Donnerstag, und die Gruppe sang, sie sang einfach herrlich. Friedrich sprach ein Gebet, er sprach es so ernst und gleichzeitig so freundschaftlich, dass Eberhard fast lachen musste. Wir feierten das Abendmahl. Ich bat den Jungen, mir vom Bett aus Brot und Kelch zu reichen, was er gern tat. Das war ein Geschenk aus der Hand eines sterbenden Kindes. So nahmen wir Abschied. Die Einsegnung war fast eine Aussegnung.

Hast du Angst?, fragte ich den Jungen.

Ich habe keine Angst, erwiderte er. Du hast uns doch gesagt, wir sterben in Gott hinein. Wohin denn sonst?!

Ihr braucht am nächsten Donnerstag nicht wieder zu kommen. Dann bin ich tot. Dann bin ich auferstanden.

Er gab jedem die Hand. Alle weinten. Er aber lächelte.

Jesus fragte seine Freunde, wie sie ihn denn sähen?

Petrus antwortete: Du bist Christus, der Bevollmächtigte Gottes, seine rechte Hand.

Jesus sagte: Das kannst du nicht von dir aus wissen. Das hat Gott dir klar gemacht.

Ja, du bist Petrus, und wie dein Name sagt: Auf diesen Felsen will ich meine Kirche bauen, und nichts Böses kann sie zerstören.

(Matthäus 16, 16–18)

Kirche

»Was ist Kirche?« Weiß ich's denn selbst? Fühle ich mich als Kirche? Sehe ich mich auf Abstand? Bin ich draußen und drinnen zugleich? Sehe ich den Apparat? Die Verwaltung? Die Hierarchie? Was ist denn für mich Kirche? Eine greise alte Dame im Abendland? Etwas aufregend Junges in der Dritten Welt? Was vermittelt mir allein das Wort?

Ist die Kirche für mich Heimat? Ist sie mir fremd? Ist sie mir zu politisch? Zu unpolitisch vielleicht? Ist sie mir zu modernistisch? Zu überaltert?

Was ist für mich die Kirche? Schon bin ich mitten drin im Überlegen: Was bedeutet mir der Gottesdienst, die Messe? Was bedeutet mir meine Konfession?

Was weiß ich überhaupt von meiner Kirche? Von ihrem Aufbau, von den Aktivitäten, von ihren Notwendigkeiten und ihren Überflüssigkeiten?
– Weiß ich über die Mission Bescheid?
– Über *Misereor* oder *Brot für die Welt*?
– Kenne ich den Aufbau der Ämter und ihre Funktionen?
– Weiß ich über Kindergärten, Heime, Beratungsstellen Bescheid?
– Kenne ich denn halbwegs meinen Glauben, wie man so sagt?
– Was weiß ich über die anderen Konfessionen und Kirchen? Will ich es überhaupt wissen? Habe ich geheime Ängste?
– Habe ich ein positives oder negatives Verhältnis zu meiner Kirche durch meinen Pastor oder meinen Priester?

– Woher kommen eigentlich meine Urteile und Vorurteile, meine innere Einstellung zur Kirche, meine Gewohnheiten und mein Abstand zu bestimmten Dingen?
– Halte ich die Kirche für eine religiöse Gemeinschaft?
– Für ein Kultmuseum? Für lebenswichtig? Wichtig für die Welt?

So komme ich ins Fragen, weil mein Kind gefragt hat. Wahrscheinlich entdecke ich viele offene Fragen. Und hoffentlich bin ich so ehrlich, mir einzugestehen, dass ich das meiste in meinem Kirchenverständnis angenommen, gelernt und zumeist höchst unkritisch übernommen habe.

Gefällt mir die Kirche nur, wenn sie mir gefällt? Habe ich Erwartungen? Bin auch ich Kirche? Oder: Kirche – das sind immer die anderen? Wie weit reicht meine Toleranz, wenn mein Kind käme und sagte, es wolle jemanden aus der anderen Konfession heiraten?!

Ich höre ein paar Augenblicke auf, mich ins Grübeln zu begeben. Da kommen nämlich noch andere Fragen:
– Weiß ich eigentlich, wann und warum die Kirche sich zum ersten Mal gespalten hat? Was weiß ich eigentlich von den Orthodoxen?
– Weiß ich, warum die Reformation geschah?
– Was weiß ich von der Ökumene? Ich benutze das Wort so leicht, ja so leichtfertig, wenn man sich zum Gebet trifft. Aber ist mir bekannt, dass sich über 320 Kirchen der Welt zusammengeschlossen haben? Das ist Ökumene. Und sie arbeiten daran, mehr Einheit zu finden.

Wenn ich wirklich mehr wissen will, um meinem Kind zu antworten, muss ich daran arbeiten. In diesen wenigen Sätzen geht das nicht. Die Kirchengeschichte ist groß und lang und reich und kompliziert. Es kostet Zeit, viel Zeit, und wahrscheinlich reicht ein Leben nicht aus, um das Wesen der Kirche zu ergründen; denn getragen wurde sie nicht nur von den Sagern und Machern, nicht nur von Kaisern und Fürsten, von Kardinälen und Bischöfen, Päpsten und Reformatoren, sondern tief darin entscheidend und grundsätzlich von ihren Heiligen und Märtyrern, von ihren Kämpfern und Bekennern, von ganz kleinen tapferen Menschen in Berlin-Kreuzberg oder in den Favelas von Brasilien. Diese Menschen prägen die Liebesgeschichte der Kirche einer Elsa Brandström oder Mutter Teresa. Und – was man sich kaum klar macht: Die Kirchengeschichte lebt mit durch ihre Zweifler und Ketzer, durch Angepasste und Revolutionäre, durch Siedler und Pioniere. Und irgendwo gehöre ich selbst dahinein, es sei denn, ich bin einfach nur ein Kirchensteuerchrist.

Will mein Kind nun wissen, was Kirche ist, was sie sein kann, oder will es wissen, was mir die Kirche bedeutet und wie ich in ihr lebe und warum?

Das kann niemandem abgenommen werden: sich hineinzudenken in das Werden der Kirche. Es muss sein, wenn man sich ein Urteil bilden will. Es muss nicht unbedingt sein, wenn man offen genug ist für die Kirche heute und morgen.

Es gibt ein paar helfende Bilder und Hinweise aus der Bibel, was zum Wesen der Kirche gehört:

– *Arche sein,* das Leben in Obhut nehmen, es bergen und schützen gegen jede Sintflut.

– *Tempel sein,* die Welt ins Gebet nehmen und Gott beim Wort, Ruhe bewahren, Anbetung und Liturgie.

– *Unterwegs sein,* durch die Wüste, zur Orientierung, um das neue Land zu erreichen, neue Horizonte, neues Leben.

– *Weinberg sein,* als Gottes Lieblingsplatz, seine Oase, sein Wert und sein Juwel, damit Hoffnung wachsen kann.

– *Stall sein,* damit Gott ankommen kann, um in der Welt ausgetragen zu werden für den Frieden.

– *Esel sein,* Gottes Tragtier also, um auch die Flucht antreten zu können vor dem Herodes in jeder Zeit.

– *Hirtin sein,* also Hüterin und Wächterin über das Leben.

– *Schiff sein,* also beauftragt mit kostbarer Fracht wie Gerechtigkeit und Freiheit.

– *Stadt sein,* mit festen Mauern und offen für Fliehende, asylgewährend und behütend.

Das alles sind kleine und zugleich riesige Bild- und Wesensmodelle für die Kirche. Es gibt noch viel mehr. Doch es geht nicht um die Frage, ob die Kirche, die ich kenne, so ist, sondern ob ich bereit bin, so oder ähnlich Kirche zu bilden und zu sein.

Ich kann meinem Kind davon erzählen, ich kann ihm von meinen Träumen berichten. Wenn ich dann mit dem Problem der vielen Kirchen nicht fertig werde, weil ich selber spüre, dass der jeweilige Wahrheitsanspruch allzu leicht zur Rechthaberei führt, dann hilft mir vielleicht eine kleine Zeichnung.

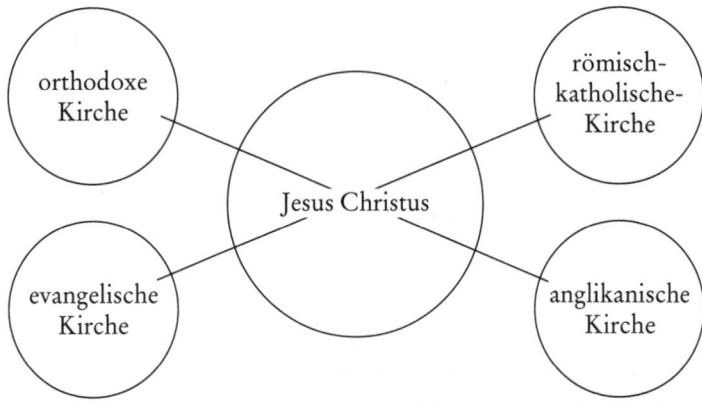

Ich setze voraus, für alle Christen und Kirchen steht Jesus Christus im Mittelpunkt. Ich stelle mir dabei nur einmal die vier großen Kirchen vor, die ich gut kenne. Jede behauptet, im Mittelpunkt zu stehen, jedenfalls mindestens dicht dran. Denn sonst könnten sie nicht sagen, sie seien allein in der Wahrheit. Nichts aber auf dieser Welt ist allein in der Wahrheit. Deshalb mache ich mir an der Zeichnung klar, dass jede Kirche direkte Verbindung zur Wahrheit hat, aber doch auf

Abstand lebt, eben weil sie von Menschen getragen wird. In dem Maß, wie die Kirchen in Trennung vom Mittelpunkt leben, leben sie auch in Trennung voneinander. Daher betreiben sie eine religiöse Politik des Misstrauens und des Versuchs, sich gegenseitig zu missionieren. Verständlich ist das, aber ein Skandal. Da jede von ihnen selber darunter leidet (was sie ehrt), unternehmen sie aber auch den krampfhaften Versuch dogmatischer Einigelung und nennen Ökumene, was möglich ist, unterweisen aber ihre Kinder in dem, was trennt.

Ich mag alle unsere alten Kirchen auch in diesem Versagen; denn ich würde es kaum anders schaffen, weil die Geschichte eben auch ihr eigenes Gewicht hat. Aber ich wüsste etwas, was den Kirchen helfen könnte, Schritt für Schritt auf Einheit hin zu leben. Dazu mache ich mir die Zeichnung noch einmal, allerdings etwas anders.

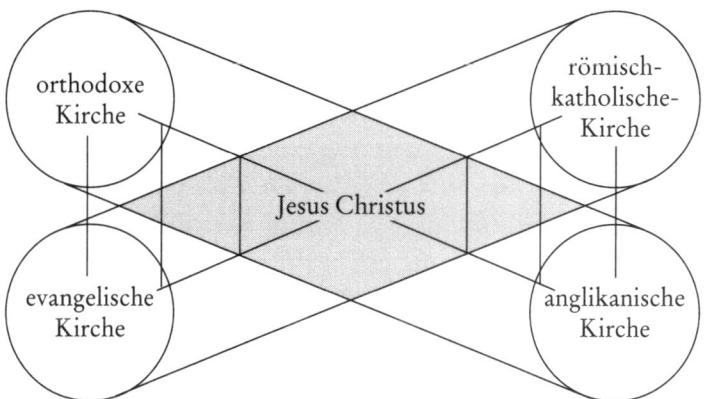

Wenn sich die Kirchen wie einen zweiten Brennpunkt in einer Ellipse sähen, dann würden sie den Mittelpunkt als gegebene Einheit erkennen, um die man gar nicht noch streiten muss. Außerdem würden sie erhebliche Überschneidungen entdecken (gestrichelte Felder). Sie brauchten dann auch nicht mehr eifersüchtig auf das eigene Revier zu achten, sondern könnten sich gegenseitig helfen, den Abstand zur Mitte zu verkürzen. Die Zeichnung zeigt:

Je kürzer der Abstand zur Mitte, desto kürzer wird der Abstand zwischen den Kirchen (senkrechte Linien).

Nur, was sich in der Zeichnung so einfach ansieht, stellt sich im Alltag der Kirchen unendlich schwer dar.

Aber ich halte diese Hoffnung fest und werde meinem Kind davon erzählen. Denn ich bin der Meinung: Wenn viele Eltern diese Hoffnung erzählen, werden sie selber zu Lebenselementen ihrer Kirche und die Kinder werden eines Tages zu denen gehören, die das Fest der Einheit feiern, so wie Gott es sich wohl gedacht hat.

Mein Kind, wir sind eine Familie, weil wir zusammengehören und weil wir uns lieb haben. Wir kennen uns gut, wir sitzen oft zusammen, wir unternehmen viel, wir feiern, und wir streiten uns auch. Gott wollte so gern, dass sich alle seine Menschen wie eine Familie fühlen. Deshalb hat er seinen Sohn geschickt, um den Menschen zu sagen: Ihr seid doch alle Geschwister. Seit 2000 Jahren gibt es die Kirche, also die große Familie der Christen. Nur, zwischendurch haben sich die Kirchengeschwister viel gestritten, haben sich die Türen vor der Nase zugeknallt. Schlimm ist das, aber wichtiger ist dabei, dass Menschen, die es ehrlich und lieb meinen, dafür sorgen, dass sich die Christen untereinander vertragen.

Es war einmal eine uralte Frau. Manche Leute sagen, sie war über 100 Jahre alt. Andere meinten, sie sei über 1000 Jahre. Wie auch immer: Sie war uralt. Sie saß mitten in der Welt und hatte unendlich viele Kinder, Enkel, Urenkel, Nichten und Neffen, Ur-Ur-Ur-Urenkel. Die uralte Frau mit den vielen Urenkeln hatte all ihren

Kindern und Verwandten immer ganz viel geschenkt: Liebe und Verständnis, Bildung und Ausbildung, Gedichte und Musik, Heilung und Trost, Hilfe und Unterstützung, Frieden und Vergebung. Aber längst nicht alle Kinder und Enkel hatten ihr diese Liebe gedankt. Im Gegenteil: Manche wurden Mörder, andere Gangster, wieder andere wurden Schläger oder Folterknechte, manche wurden Diebe, andere wurden verlogen und verschlagen, manche vergriffen sich an Kindern, wieder andere wurden zu Betrügern, manche vergifteten die Natur, und andere wieder wurden zu Angebern und Dummköpfen.

Die uralte Frau musste viel weinen. Sie freute sich zwar über die Menschen, die ihr treu geblieben waren und ein gewissenhaftes Leben führten, aber über die vielen vielen anderen musste sie viel weinen. Das Schlimmste aber war: Man warf ihr, der uralten Frau, vor, sie habe versagt und ihre Kinder nicht richtig erzogen.

Wer sich nach Gottes Geboten richtet, erlebt Wahrheit und Obhut. Gott loben ist das beste Zeichen für Dankbarkeit, und diese
Dankbarkeit im Gottesdienst zum Ausdruck bringen, ist das
schönste Echo auf Gottes Liebe. Freundlichkeit ausstrahlen und
Menschen helfen: Das ist dann Gottesdienst im Alltag.

Wenn du zur Kirche gehst, um festlich und in der Gemeinde
Gottesdienst zu feiern, dann nimm auch eine Spende für die Kol-
lekte mit; denn das gehört zu einem lebendigen Glauben. Tei-
lende Liebe wirkt Wunder.

(Nach Sirach 35, 1–15)

Gottesdienst

»Was ist Gottesdienst?« Wenn diese Frage nach einem gemeinsam erlebten Gottesdienst entsteht, habe ich es etwas leichter. Anders wird es, wenn das Kind von einem Gottesdienstbesuch etwa mit dem Kindergarten beeindruckt oder auch enttäuscht ist. Kommunionkinder und Konfirmanden haben es mit dieser Frage oft noch schwerer.

Doch lassen wir solche Beobachtungen eine kleine Weile beiseite. Gottesdienst und Messe sind das liebste Kind der Kirchen, aber die statistischen Zahlen über den Besuch belegen beinahe das Gegenteil hinsichtlich des Stellenwerts bei den Christen.

Wie kommt das nur, dass der Gottesdienst als Herzstück der Gemeinde immer weniger Bedeutung hat?
– Liegt es am veränderten Stellenwert des Sonntags?
– Am Schlafbedürfnis der Christen?
Am besten, ich frage mich selbst. Vielleicht habe ich schlechte Erfahrungen mit Priestern und Pastoren. Predigen sie zu langweilig? Spricht mich nicht an, was der Gottesdienst »bietet«? Ärgern mich die alten Lieder mit ihren schwerleibigen Texten? Oder habe ich das Beten verlernt? Merke ich in diesem Augenblick bereits, wie die vorigen Kapitel hier hineinspielen?

Oder: Fühle ich mich in meiner Gemeinde nicht zu Hause? Betrifft mich die Bibel nicht mehr? Kann ich das Orgelspiel nicht aushalten? Rührt mich die Feierlichkeit nicht an? Ist mir die Kirche zu politisch? Ist sie mir zu unpolitisch? Habe ich den Eindruck, der Gottesdienst sei grundsätzlich eine andere Welt, in der die meine nicht mehr vorkommt? Habe ich vielleicht sogar Sehnsucht nach dem Gottesdienst und traue mich nur nicht, den Anfang zu wagen? Hat das alles etwas mit anderen Menschen zu tun?

Dies sind nur einige Fragen aus der Flut der Vorbehalte und Verdächtigungen, aber auch aus der Flut der Erfahrungen und Erlebnisse.

Will ich meinem Kind antworten, stelle ich mich solchen Fragen, ganz gewiss. Zunächst lasse ich einige Hinweise auf mich wirken, einfach als Denkimpuls.

Ich mache mir klar, dass es Gottesdienste gibt, seit es menschliche Kultur gibt. In Dank und Bitte, Klage und Tanz, Musik und Schweigen, Prozession und Opfer, Anbetung und Verkündigung, Zauber und Abwehr gab und gibt es Gottesdienste. Wir kennen noch Reste von Fruchtbarkeitskult und Erntesegen, Jagdzauber und Totenkult.

Wir begegnen darin einer uralten, zutiefst menschlichen Ausdrucksform. Manchmal stehen wir fassungslos vor besonderen Ereignissen wie etwa der Ekstase, wo Menschen außer sich geraten, verzückt und entrückt. Es wird uns gar unheimlich, weil wir Selbstkontrolle gelernt haben und jenen Urtrieb des Menschen für gefährlich halten. Gleichzeitig sehnen wir uns aber auch nach der Würdigung unserer Gefühle, weil es kalt geworden ist in den verkopften Kirchen des Abendlandes. Wir vermissen die Einheit des menschlichen Menschen vor dem göttlichen Gott.

Auf diesem Sehnsuchtsgelände wachsen heute Sekten und Religionen, verführerische Angebote, und es wachsen auch die Neigungen zu Droge und Rausch, Ausschweifung und Vereinseitigung. Der abendländische Christ ist weithin heimatlos geworden:

– Mit seinem Lachen, sofern er es noch hat, kommt er im Gottesdienst kaum vor.

- Mit seinen Traurigkeiten, sofern er sie sich erlaubt, findet er schwerlich Platz zwischen Formeln und Formulierungen.
- Mit seinen Problemen kommt er kaum zu Wort, weil aus den Kirchen des Wortes auch oft eine Kirche der Rederei geworden ist.
- Mit seinen Träumen findet er kaum einen Raum, weil die Theologien besetzt sind von fertigen Aussagen.
- Mit seinen Erinnerungen hat er kaum eine Chance, weil die Kirche sich immer an zu große Dinge erinnert.
- Mit seinem kleinen Leben kommt er kaum zur Sprache, weil die Kirchen immer von großen Leben reden. Heilige und Märtyrer sind wie Tausendmarkscheine. Ich fühle mich mehr wie ein Groschen.

Zweifellos haben die Kirchen die Unmittelbarkeit verloren, die von der Person Jesu Christi ausging.

Die liebenswürdige, unkomplizierte, ja zärtliche Offenheit ist nicht da: Das hat alles mit der langen Geschichte zu tun, weil es eben auch eine Geschichte der Anfeindungen und Herausforderungen war. Man musste sich verstecken, verteidigen, schützen, stärken, man musste sich formulieren, abgrenzen und rechtfertigen. Ganz ähnlich geht es uns im eigenen Alltag ja auch. Und Kirche wie Gottesdienst, das ist ja auch nur Alltag, selbst wenn wir gewöhnt sind, alles auf den Sonntag zu projizieren.

So sind wir alle in irgendeiner Form gewordene Kirchenchristen. Weithin auch gemachte und erzogene. Eben in dieser Machung und Werdung liegen unsere Chancen und auch unsere Behinderungen. Jeder mag das für sich selber klären, inwieweit seine Urteile und Vorurteile gegenüber dem Gottesdienst und gar dem Gottesdienst einer anderen Konfession auf Kenntnissen beruhen oder auf Erziehungseinflüssen, auf Hörensagen oder auch auf Ängsten, Drohungen und tief sitzenden Hemmungen.

Nur – mein Kind hat mich gefragt. Ich will ihm ja auch antworten. Wenn ich einfach sage, was ich mir ausdenke, wird es gefährlich. Ich werde mehr Mühe aufwenden müssen. Denn unter allen festen Formen, Gesängen, Gebeten, Formeln, Liturgien und Festlegungen lodert ein Feuer, glimmt eine Glut, die man wieder freilegen sollte.

Der christliche Gottesdienst ist ursprünglich ein unbändiges österliches Fest, angefüllt mit der Leidenschaft von Hoffnung und Freude, prall von Sehnsucht und Dankbarkeit und gleichzeitig intensive Klage über die Zerrissenheit von Leben und Welt, und ebenso gleichzeitig ein Fest in der Gemeinschaft, ein geschwisterlicher Jubel über die großen Geschenke Gottes wie auch ein solidarisches Leiden mit dem leidenden Gott und seinen leidenden Geschöpfen. Begeisterung schlägt durch, Begeisterung über den Sieg des Glaubens, eine Begeisterung, deren Klänge bis in die Ewigkeit reichen und gleichzeitig bis in die letzten Winkel der Verlassenheit und Verlorenheit. Verliebte sind es, die Gottesdienst feiern, Verliebte in Gott und Begeisterte für das Leben. Und in dieser Liebe ist auch der ganze Schmerz zu Hause, den ein Mensch empfinden kann.

Dabei konnte gar nicht ausbleiben, dass manche Elemente des Gottesdienstes die Jahrhunderte überdauerten und heute auf uns alt wirken. Aber wir haben ja gar nichts gegen alte Möbel, alte Bäume, alte Bücher, alte Instrumente, überhaupt alte Sachen. Wichtig ist nur, dass wir sie kennen, wenn wir in ihnen oder mit ihnen leben wollen.

So ist es auch mit dem Gottesdienst: herrliche alte Gebete, schöne gregorianische Gesänge, Litaneien und Chöre, Orgel und Trompete, alte Sprache und alte Bräuche. Sie werden nur zum Problem, ja zum Hindernis, wenn sie um ihrer selbst willen vorkommen und sich verselbstständigen. Oder wenn sie zum Maßstab werden für richtige Gottesdienste, richtigen Glauben und richtiges Christsein.

Aber wenn ich mich selber hineingebe, mehr und mehr verstehe, ja übe, werde ich Kraft und Bedeutung entdecken, werde ich den Reichtum und die Vielfalt erleben und dabei auch meinen Platz aufspüren: in aktiver Mitarbeit oder versteckt hinter einer Säule, betend und hörend, singend und redend. Ich werde Gottesdienste in Kirchen und Baracken, auf Feldern und Plätzen, auf Kirchentagen und Katholikentagen, in Rundfunk und Fernsehen, in Klöstern und Gefängnissen erleben können, und sie alle atmen grundsätzlich dasselbe: *Gott zur Sprache und den Menschen zum Reden bringen.*

Ich tauche plötzlich ein in den großen Strom und die lange Geschichte der Feiernden, die in den Katakomben Roms, vor den Gaskammern in Auschwitz, auf den Plantagen der Südstaaten genauso Gottesdienst feierten wie im Petersdom, in der St. Paul's Cathedral oder in einem Indianerzelt. Das alles mache ich mir klar, wenn ich mich frage, was ich meinem Kind antworten will, und ob ich bereit bin, meinen Hochmut zu verkleinern, durch den ich ja bislang immer so sicher war, dass meine Einstellung die einzig richtige ist. Ich werde auch lernen, die Ansichten anderer zu respektieren, zu wissen, dass es Trommeln gibt, Gitarren und Tänze zum Gotteslob, also nicht nur Johann Sebastian Bach. Ich werde entdecken, dass zum alten Bestand auch junge Bereicherung kommt, Aufbruch und Kühnheit. Und ich werde entdecken, dass Gottesdienst nicht eine Frage der Sprache oder der Konfession, sondern eine Frage des Herzens und der Einstellung ist.

So erkenne ich auch in unserem alten Abendland die liebenswürdige Einladung zum Gottesdienst, der eigentlich der einzige Erlebnisraum dieser Welt ist, wo keine Bedingungen gestellt werden: nicht nach Rasse, Farbe, Sprache, Stellung, Konto, Alter, Geschlecht. Und: Im Gottesdienst kommt die kostbarste aller Botschaften zur Geltung, ob nun Priester oder Pastoren langweilig sind oder nicht, ob der Organist sich verspielt oder nicht; es ist die kostbare Botschaft vom nahen Gott und von der Freiheit des Menschen. Das Herz aber des Gottesdienstes ist das Abendmahl und die Lunge ist die Taufe. Das will ich an dieser Stelle schon einmal eindenken; denn ich werde mich später damit beschäftigen. Die Predigt dagegen will ich hier noch nennen; denn sie ist Ansage und Vermittlung, sie ist der menschliche, oft allzu menschliche Versuch, Geheimnis und Wirklichkeit miteinander auszusprechen. In ihr steckt der prophetische und priesterliche Auftrag, das Wort Gottes zu verantworten und zu beantworten, und zwar so, dass es die Menschen betrifft. Predigt sollte in einen doppelten Dialog führen: mit dem ansprechenden Gott und mit allem, was Leben bedeutet. Das Wesen der Predigt besteht darin, Gott zur Geltung zu bringen und dem Leben zur Würde zu verhelfen. In dem Augenblick aber, wo ein Gottesdienst bloße Routine ist oder Machtveranstaltung oder reserviert für Insider oder zu einer Intellektualitätensammlung einerseits oder Banalitätensammlung andererseits wird, ist er krank oder gar gestorben. Nachdem ich mich so in den Gottesdienst hineingedacht habe, denke ich wieder an die Frage meines Kindes. Ich könnte ihm jetzt schon mit meinen eigenen Worten alles erzählen, was ich erkannt habe. Ich könnte aber auch erst einmal mit ihm zusammen die Kirchen besuchen. Oder ich könnte noch einmal um Aufschub bitten, bis ich mich mit Taufe und Abendmahl/Eucharistie beschäftigt habe.

Weißt du, bei dir wie bei den meisten Menschen ist es doch so: Man kann gar nicht oft genug hören, wovon man begeistert ist. Mit Büchern und Bildern geht es uns so: Wir sehen sie uns immer wieder an. Musik, die wir lieben, hören wir immer wieder. Mit Menschen, die wir mögen, reden wir, so oft es nur geht. Mit Freundin und Freund treffen wir uns, wenn es geht, täglich. Sonst telefonieren wir oder schreiben Briefe. Für

Menschen, die Gott lieben, ist es mit dem Gottesdienst nicht nur dasselbe, sondern noch viel mehr: Wir verabreden uns mit ihm zum Gottesdienst. Wir können gar nicht genug von ihm hören, wir singen seine Lieder, wir freuen uns über seine Nähe, wir sprechen mit ihm, wir beten. So sollte jeder Gottesdienst eigentlich ein Fest sein und ein Treffpunkt mit vielen Menschen, die das genauso meinen.

Für den Gottesdienst ist Weihnachten etwas Besonderes. Nicht deswegen, weil jährlich dann die Kirchen gefüllt sind und Menschen kommen, die vielleicht noch einmal entdecken wollen, was die Engel sangen: Ehre sei Gott in der Höhe und Frieden auf Erden! – Nein, das Besondere am Weihnachtsgottesdienst ist, dass damals in Bethlehem die Geburtsstunde des christlichen Gottesdienstes war: Der offene Himmel, die jubelnden Hirten, die dankbare Maria, die alles in ihrem Herzen bewegte, der behütende Joseph und die Weisen aus dem Morgenland, die knieten und anbeteten: im Stall, vor der Krippe, vor dem Kind, vor Gott.

Wieder einmal war es in meiner Gemeinde Weihnachten geworden. Wir hatten mit vielen Kindern ein Spiel eingeübt. In ihren Gewändern sahen sie prächtig aus. Die Kirche war rappelvoll. Viele Kinder saßen mit großen Augen da. Wir sangen die alten Lieder. Es tat einfach gut, den Gottesdienst zu feiern: Den Köpfen und Seelen tat es gut, den Alten und Jungen, und ich hoffte: Gott tat es auch gut. Dann begann ich, die Weihnachtsgeschichte zu erzählen: Als ich den Kaiser erwähnte, bezog er seine Stellung. Das hatten wir geübt. Als ich Maria und Joseph nannte, tat sich die Tür auf: Herein kam das Paar, und Maria ritt auf einem lebendigen Esel. Sie sah sehr schön aus in Rot und Blau, und das ruhige Tier trug sie bis vor den Altar, wo Joseph ihr herunter half, und beide nahmen auf zwei Hockern vor der Krippe Platz.

Mucksmäuschenstill war es in der Kirche. Da begann Maria zu

singen: »Meine Seele erhebt den Herrn, und mein Geist freut sich Gottes, meines Heilandes.« Es klang wunderbar. Der Esel spielte mit den Ohren. Plötzlich hob er den Schwanz ein wenig und ließ ein paar Eselsäpfel fallen. Da roch es nach Stall. Niemand nahm Anstoß. Die Kinder spielten die Weihnachtsgeschichte weiter mit Hirten und Königen, mit Engeln und Stern. Es war einfach herrlich. Es lag der Atem von damals über der Gemeinde. Es war einer meiner schönsten Gottesdienste.

Paulus reiste mit seinen Freunden von Troas ab; das liegt in Kleinasien. Sie gelangten nach Samothrake und von dort aus nach Neapolis. Das war eine lange Schiffsreise. Bis Philippi war es übers Land nun nicht mehr weit. Philippi war damals eine römische Garnisonstadt, voller Leben, voller Handel, voller Soldaten und voll von Menschen aus aller Herren Länder. Dort blieben sie ein paar Tage. Sie trafen sich mit der kleinen Christengemeinde am Fluss; denn Kirchen gab es ja noch nicht. Es waren vor allem Frauen, die zusammenkamen. Unter ihnen befand sich auch eine Frau aus Thyatira. Das liegt in Kleinasien. So hatte sie auch die weite Reise hinter sich. Sie war eine Geschäftsfrau, eine Drogistin, und sie hatte einen tiefen Glauben an Gott. Nun hörte sie aber zum ersten Mal, was Paulus von Jesus Christus predigte. Da öffnete Gott ihr das Herz. Sie war so begeistert, dass sie sich zusammen mit ihrer Familie und ihren Angestellten taufen ließ. Sie wollte unbedingt den Namen des neuen Herrn tragen. Zusammen mit Paulus und seinen Freunden feierte sie dann das Fest der Taufe in ihrer Stadtwohnung.

(Nach Apostelgeschichte 16, 11–15)

Taufe

Auf den ersten Blick scheint die Frage »Was ist Taufe?« harmlos und leicht zu beantworten, selbst wenn ein Kind nicht dergestalt begrifflich fragt, sondern eher: Wie tauft man? Oder: War das richtiges Wasser? Oder: Hat der mich auch getauft? Oder … Selbst wenn ein Kind also nicht so begrifflich fragt, steht im Hintergrund doch zumeist ein ernsthaftes und in diesem Sinn neugieriges Interesse, wissen und verstehen zu wollen.

Ich mache mir vorher klar, dass das Thema Taufe zwischen den Kirchen lange Zeit mindestens schwierig war. Zuweilen erkannte man die Taufe gegenseitig nicht an, dann wieder ließ und lässt man gegenseitig die Paten nicht zu, degradiert sie zu Taufzeugen in der Meinung, nur »Konfessionell Echte« könnten eine christliche Erziehung garantieren.

Oft genug verband man mit der Taufe Mitgliedermache, sozusagen Bestandsvergrößerung um jeden Preis. Dann gab und gibt es da auch den leidigen Streit, was denn nun besser sei: Kleintaufe oder Großtaufe?

Was hat man sich gestritten! Da wurde das Wort Sakrament ins Spiel gebracht. Eigentlich bedeutet das soviel wie Eiserne Ration, also etwas Unverzichtbares, Lebenswichtiges, etwas, auf das man Acht gibt wie auf seinen Augapfel. Die Kirchen und die Freikirchen haben da mächtig gekämpft. Die einen sagen: Ein Sakrament ist das unantastbare Geschenk Gottes, das dem kleinen Menschen so früh wie möglich weitergereicht werden muss. Dieses Geschenk ist unabhängig von menschlicher Leistung. Die anderen sagen: Eine solche Einstellung bringt so etwas wie eine religiöse Automatik mit sich. Wichtiger dagegen sei der Glaube, weshalb man sich taufen lassen sollte, wenn eben der Glaube gewachsen ist.

Dieser Streit ist kaum zu verstehen, sind sich beide doch einig darin, dass die Taufe das entscheidende Geschenk ist. Wer nun den Glauben zur Bedingung macht, der stellt Gott eine Bedingung. Wer aber seine kirchlichen Bedingungen stellt, der tut Gleiches. Einfacher wäre es doch, man einigt sich auf den Geschenkcharakter. Dann braucht man auch nicht den Glauben zu bemühen, sondern entdeckt ihn als Folge der Taufe.

Mein Kind will das alles sicher gar nicht wissen. Aber um antworten zu können, muss ich es wohl wissen wollen.

Kleine Zwischenbemerkung: Hier scheint überhaupt ein Problem abendländischer Kirchenchristen zu liegen: *nicht wissen zu wollen*. Man müsste gesondert darüber nachdenken, woher das kommt: nicht wissen zu wollen! Ängste und Vorurteile, Bequemlichkeit und Arroganz sind sicher mit die stärksten Einflüsse auf diesen Vorgang. Doch lassen wir das.

Wenn mein Kind mich fragt, will ich antworten. Es liegt nahe, die Taufe mit Namensgebung zu erklären.

Mein Kind, deine Puppe hat doch einen Namen … Schiffe werden getauft …

Weißt du noch, als wir das neue Auto bekamen …

Verführerisch ist diese Antwortkette, aber rundweg falsch. Schon sachlich, denn die Namensgebung erfolgt beim Standesamt. Würde jemand später einmal seinen Namen ändern, was ja oft genug geschieht, so lässt er sich deshalb nicht noch einmal taufen. (Was übrigens auch gar nicht ginge. Jede Wiedertaufe ist Lästerung.)

Natürlich wird bei der Taufe der Name genannt, er ist auch wichtig für die Taufurkunde, für das Kirchenbuch. Der Name macht uns ansprechbar, auffindbar, aufspürbar. Doch nur weil jemand Otto Meier ist, sind alle Otto Meiers dieser Welt noch nicht dieselben, nicht einmal die gleichen.

Und nur weil jemand Diamant Korallenstock heißt, ist er noch nicht etwas Besonderes. Die Namensnennung ist bei der Taufe also eine Begleiterscheinung. Der Name bedeutet noch nicht unsere Identität. Man kann auch unter falschem Namen leben, und Gott erkennt uns doch.

Taufe ist auch nicht eine Erfindung der Christen. Taufe und taufähnliche Handlungen gibt es in allen Religionen der Welt und taufen können sogar Atheisten. Gemeint sind damit alle jene heiligen Waschungen, Reinigungen, Eintauchungen und Namensgebungen, mit denen man immer so etwas wie einen Eintritt markieren wollte:

Eintritt ins Leben, Eintritt in ein Volk, Eintritt in eine Gemeinschaft, Eintritt in eine Partei.

Solange die Kirchen die Taufe als Eintritt oder Beitritt verstehen, handelt es sich um nicht mehr als die feierliche Aufnahmeerklärung eines Vereins. Auch das kann wichtig sein, ist aber zweitrangig.

Meine Beobachtungen am Neuen Testament geben mir deutlich Auskunft über das Wesen der Taufe:
– *Jesus lässt sich selber taufen. Damit bezieht er die Taufe ausschließlich auf sich.*
– *Taufe ist Preisgabe an Gott und Eingabe ins Leben.*
– *Taufe ist Besiegelung und Bestätigung des Lebens.*
– *Taufe ist Zuerkennung vom Recht auf Leben.*
– *Taufe ist das ganze Heil gleichsam in der Nussschale.*
– *Taufe ist gültiger Schritt in die Freiheit.*
– *Taufe ist die Berufung des Menschen zum Menschen.*
– *Taufe ist so auch die Einbindung in die Gemeinschaft der Getauften.*
Mit der Taufe wird die ganze Liebe Gottes in das Leben des Menschen eingewoben und eingefärbt.

Das klingt beinahe nach Zauber. Aber es ist kein Zauber, sondern die Wirkung der Kraft Gottes. Ich könnte auch sagen:

– *Taufe, das ist die Überschreibung des Lebens auf das Konto Gottes zur freien Verfügung.*

Wenn ich mir das alles klar mache und vielleicht ein wenig in meine Sprache übersetze, merke ich, dass es wunderbar ist, getauft zu sein, geliebt zu sein, geborgen zu sein und dazuzugehören. Als Eltern oder Pate bin ich einbezogen in eine Hilfe, in die lebenslange Hilfe, die Täuflinge brauchen, um ihr Christsein zu leben.

Übrigens, das mit dem Wasser: Wasser gehört zur Taufe wie die Rinde zum Baum, wie die Haut zum Körper. Gottes Geschenk ist dadurch gleichsam eingepackt in ein Stück Welt, in ein Element des Lebens. Es hat wenig zu tun mit Waschung, Reinigung oder Bad. Solche Gedanken mögen eine kleine symbolische Hilfe sein, um das Bewusstsein zu schärfen für den Dreck der Welt. Sonst nämlich wären Vorstellungen von Sündenwaschungen und Seelenreinigungen so richtig heidnisch, wie es heißt. Das wäre dann wirklich Zauber oder Magie.

Nein, Taufe ist ihrem innersten Wesen nach die Eingabe des Lebens in das Gesamtwerk Jesu Christi, in seinen Weg, in sein Leben, in sein Schicksal und in seinen Sieg. Dass daraufhin aus der Taufe sozusagen das Licht der Vergebung strahlt, der Impuls der neuen Zeit, macht die Taufe so unantastbar und kostbar.

Wahrscheinlich kann ich erst jetzt die Frage stellen, was mir meine eigene Taufe wirklich bedeutet und wert ist. Für viele Menschen heißt dies, sich auf eine Rückreise in die Hoffnung zu begeben. Wie bei jeder Reise, so muss ich auch hier neben aller Aufbrucharbeit vor allem über das Ziel nachdenken. Wenn ich das wirklich will und dabei erkenne, wie befreiend diese geistig-geistliche Reise ist, dann habe ich das meinem Kind zu verdanken; denn es hat mich schließlich gefragt, was es mit der Taufe auf sich habe.

Taufe ist das unveränderliche Kennzeichen, das Gott seinen Menschen verleihen lässt, damit sie sein Hoheitszeichen tragen und zu Menschen werden, die hinter der Gabe des Lebens den Geber bekennen.

Vor lauter Gedankenfülle werde ich nun kaum wissen, wie ich meinem Kind antworten kann. Aber anfangen kann ich, indem wir uns zusammen zum Taufbecken begeben, eine Taufe miterleben, Symbole kennen lernen, und so werde ich Schritt für Schritt die Taufe in ihrer Tiefe erläutern können.

Deine Taufe, mein Kind, haben wir herrlich gefeiert. Wir hatten so viel Grund zu danken, dass es dich gibt. Mit der Taufe wollten wir Gott gern zeigen, dass wir dich in seinen Schutz und seine Liebe geben. Wenn wir Menschen, die wir lieben, etwas Schönes schenken, dann nehmen sie es mit, wenn sie auf eine weite Reise gehen, und sie erinnern sich an uns. Mit der Taufe schenkt Gott uns für die lange Reise unseres Lebens etwas besonders Wertvolles: seine ganze Liebe, damit wir uns ein Leben lang daran erinnern können, dass wir zu ihm gehören und Christen sind.

———————————————

Die alte Dorfkirche in der Magdeburger Börde hatte so etwas wohl noch nie erlebt. Da sollten zwei Kinder getauft werden, und man hatte mich gebeten, diese alte heilige Handlung zu vollziehen. Ich sprach lange vorher mit beiden Elternpaaren und auch mit den Paten. Mehr aber besprach ich nicht mit ihnen. Alles andere nämlich sollte eine Überraschung werden. Mit der Organistin besprach ich die Musik, besonders die Auswahl der Lieder, und ich bat sie, nach meiner Predigt, also nach dem Amen, die Orgel richtig tanzen zu lassen.

Der Sonntag kam. Herrliches Wetter war, die Sonne glänzte in ihrer Pracht, und siehe da, es kamen viele Menschen zur Kirche. Zu Beginn des Gottesdienstes bat ich die Eltern, ihre kleinen Täuflinge auf den Arm zu nehmen und sie durch den Mittelgang zu tragen, damit die Leute die Kinder gut sehen konnten. Danach spielte die Orgel. Wir sangen ein Lied, Texte wurden gelesen, das alte Glaubensbekenntnis wurde gesprochen, wieder ein Lied, und dann hielt ich meine Predigt. Als ich Amen gesagt hatte, gab ich den Leuten ein Zeichen und forderte sie auf, sich zu erheben und hinter mir herzugehen. In dem Augenblick begann die Orgel zu tanzen mit einer fröhlichen Ostermusik. Zu den Klängen gingen wir nach draußen. In der Mitte des schrägen Kirchbergs stand und steht ein alter Taufstein aus dem 10. Jahrhundert. Den einen Patenonkel hatte ich heimlich gebeten, eine Schale mit Taufwasser in diesen alten Taufstein zu stellen. Vor der Kirche stimmte ich ein Lied an, alle fielen ein, und so zogen wir mit Gesang bis zu dem ehrwürdigen steinernen Zeugen aus den Anfängen des christlichen Glaubens in dieser Gegend. Unter der Sonne, mitten im Dorf, unter den Blicken vieler Nachbarn und mit der Begeisterung der jungen Eltern taufte ich die Kinder sozusagen direkt ins Leben hinein. Was ich hier nur andeuten kann, dauerte eine Stunde und spiegelte sich in den Augen und Herzen der Menschen als erlebtes Wunder. Es war ein Fest.

Jesus wandte sich seinen Freunden zu: Von ganzem Herzen lag mir daran, mit euch das Passahfest zu feiern, bevor ich meinen Weg zu Ende gehe. Ich sage euch, ihr Lieben, ich werde nun nichts mehr zu mir nehmen, bis ich bei Gott bin.

Das geschah in der Nacht, als Jesus verraten wurde.

Hier aber, im Kreis seiner Getreuen, nahm er das Brot, sprach ein Dankgebet, teilte das Brot und sagte: Nehmt es. Esst! Das bin ich, wie ich mich für euch hingebe. Tut das auch in Zukunft, wenn ihr an mich denkt.

Danach nahm er den Kelch, sprach den Segen, gab ihn in den Kreis seiner Freunde, und alle tranken daraus. Er sagte: So wie dieser Kelch ist auch mein Vermächtnis, besiegelt durch meinen Tod. Jetzt und in Zukunft, wenn ihr so feiert, bin ich gegenwärtig und euch ganz nahe. Ihr erlebt die Vergebung eurer Schuld und die Heilung eurer Seele.

(Matthäus 26
Markus 14
Lukas 22)

Abendmahl
Eucharistie

»Was ist das Abendmahl?« Für Christen aller Konfessionen ist dies die Frage nach der Eucharistie. Alle Kirchen sagen, dass mit diesem Punkt Offenbarung, Wahrheit und Vergebung verbunden sind. Alle Kirchen sagen, dass mit der Eucharistie das Heilige verbunden ist. Nur – sie alle verstehen offenbar jeweils etwas anderes darunter. Die Kirchen sind höchst sensibel, ja empfindlich an diesem Punkt und reagieren erstaunlich: Sie ziehen Grenzen, sperren sich gegenseitig aus, sprechen sich gegenseitig die Wahrheit ab und entwickeln ganze Systeme zur Absicherung der eigenen Meinung.

Wenn ich das heute verstehen will, muss ich weit zurückdenken. Es spielt sich ein verspäteter mittelalterlicher Streit ab, der eigentlich nicht sehr viel mit dem Abendmahl selbst zu tun hat, sondern viel mehr mit der Frage, was denn die Kirche sei, und wer Ketzer ist, und wer die Wahrheit für sich in Anspruch nehmen kann, und welche Stellung Priester und Pastoren haben. Das alles ist ein Stück unverdauter Kirchengeschichte. Denn im Grunde ist es unverständlich, dass die Kirchen sich ausgerechnet am Tisch der Vergebung und Liebe trennen, ja sich gegenseitig noch nicht einmal zu Gästen ernennen.

Ich nehme es schon ernst, wenn man sich überlegt: Ist Gott in Brot und Wein anwesend, ja oder nein? Ist die Eucharistie ein Zeichen, ein Symbol oder ein Geschenk? So und ähnlich wurde immer wieder gefragt. Im Hintergrund steht die Auslegung des Neuen Testaments. Ich habe gewiss auch Respekt vor der Auslegung. Doch es gibt einen Punkt, wo ich nicht mehr mitkomme. Das ist der Punkt, an dem aus Wahrheitssuche Rechthaberei wird. So erwartet man insgeheim oder auch offen, dass der jeweils andere die eigene Meinung übernimmt. Tut er das nicht, gilt er als fremd, gefährlich, ketzerisch und feindlich. Das sind uralte Abläufe, mit und aus denen Feindbilder gemacht werden. Wenn man etwa bedenkt, dass allein in der Bundesrepublik Deutschland rund ein Drittel aller kirchlich getrauten Ehen konfessionsverschieden sind, dann bedeutet dies, dass diese Menschen in einem sakramentalen Niemandsland leben müssen. Eine solche geistliche Aussperrung wird mit dem Selbstverständnis der Kirchen begründet.

Helfen würde zunächst ein Stückchen Bescheidenheit:

- Christen und Kirchen müssten sich klar machen, dass es im Neuen Testament keine Lehre über das Abendmahl gibt. Es gibt noch nicht einmal eine einheitliche Überlieferung. Aber es gibt eine eindeutige Auskunft der ersten Zeugen über Inhalt und Bedeutung der Begegnung mit Jesus. Und schließlich ist er selber das Wesen des Abendmahls.

- Außerdem vergleiche ich das Abendmahl mit einem Geschenk. Der Schenker bestimmt das Wesen eines Geschenks, aber er kann nicht verhindern, dass der Beschenkte mit dem Geschenk Missbrauch treibt. Was nützen die besten Rezepte oder Betriebsanleitungen, wenn der Nehmer sich nicht danach richtet?

So gehe ich zunächst davon aus, dass kein Mensch über Gottes Geschenke bestimmen kann. Kein Mensch und keine Institution können darüber richten oder urteilen, wer des Geschenkes würdig ist und wer nicht.

Wenn ich also davon ausgehe, dass der Inhalt der Eucharistie das Geschenk Gottes ist, dass Gott sich darin selber schenkt und vermittelt, dann kann keine Kirche, kann kein Priester oder Pastor darüber befinden, welcher Fromme oder Unfromme mit dem Geschenk richtig oder falsch umgeht. Jedenfalls stelle ich im Neuen Testament fest, dass Jesus selber keine Unterschiede gemacht hat, wem er sich mitteilen oder offenbaren wollte. Er machte keinen Unterschied zwischen dem heidnischen Hauptmann, der großen Sünderin, dem Schwerverbrecher am Kreuz und dem sinnsuchenden Nikodemus.

Wenn ich mir das klar mache, bekomme ich die Augen frei für das eigentliche Wesen des Abendmahls. Dadurch werden alle kirchlichen Lehrsätze zu zeitbedingten Gewändern. Doch ich brauche solche Gewänder, solche Ausdrucksformen, weil ich als Mensch auf Tradition angewiesen bin. Ich kann sie sogar lieb gewinnen, wie man wirkliche Gewänder lieb hat. Aber – sie sind nur Hüllen. Das Ewige kann nie im Zeitlichen aufgehen. Das Zeitliche kann nie zugleich das Ewige sein.

Solche Sätze sollen niemanden verletzen, allenfalls jene in Unruhe versetzen, die so sicher und selbstgerecht argumentieren, dass sie zwar von Nächstenliebe sprechen, aber wie jene im Gleichnis am Bedürftigen vorübergehen und damit an Gott.

Jetzt bin ich an den Punkt gekommen, wo ich mir noch etwas klar machen muss: In allen Religionen der Welt gibt es heilige Mahle und heilige Mahlzeiten. Oft magisch, oft an der Grenze zur Magie kennen wir das Verzehren von Kraft und Blut. Blut trinken, damit die Kraft des Tieres etwa in mich übergeht. Oder: heilige Opfer verzehren, um an die Kraft der Gottheit heranzukommen, der das Opfer gewidmet war. Oder: geweihtes Essen verzehren, um die Kraft der Weihe zu spüren – das alles gab und gibt es. Menschen versuchten dadurch, an übernatürlichen Kräften teilzuhaben, um die entsprechende Macht ausüben zu können.

Auch die moderne Welt kennt so etwas: Die großen Empfänge der Mächtigen mit ihren Gala-Essen geben den Rangniederen etwas vom Glanz der Großen. Das kann man dann zu Hause erzählen und gewinnt so mehr Würde, mehr Image. Oder das Sammeln von Orden, Kleidungsstücken,

Bildern und anderen Stücken von den Großen der Zeit – eine Art Fetischismus.

Das alles muss ich wissen, nicht um zu verachten, sondern um zu begreifen, dass es auch heute Kulthandlungen gibt, zwar ohne Gottheit, aber mit weltlichen Göttern. Feste Liturgien haben sich entwickelt, feste Abläufe. Im weitesten Sinn ist es eine höchst menschliche Sehnsucht nach Transfusion, nach Einverleibung der jeweils größeren Kraft in das eigene schwächere Leben.

Die Art, ich sage bewusst nur: Die Art, wie das Abendmahl in allen Kirchen der Welt weithin verstanden und praktiziert wird, ist oft zum Verwechseln ähnlich den religiösen und unreligiösen Mahlzeiten. Ein beinahe lächerliches Beispiel macht das deutlich: Der Ausdruck Hokuspokus stammt aus dem lateinischen Gottesdienst, wo der Priester die Einsetzungsworte sprach: »Hoc est corpus meum«, das ist mein Leib. Man merkt daran, dass die Eucharistie fremd geblieben ist, für katholische Christen zwar das Herzstück der Kirche, für evangelische Christen mehr und mehr auch, aber das Innenleben, das Wesen der Eucharistie ist fremd geblieben, ja unheimlich und oft belastend.

Ich denke zurück an die Frage meines Kindes. Was soll und kann ich ihm wirklich erzählen? Vielleicht weiß ich inzwischen, was ich ihm nicht erzählen will: jene Halbheiten und Falschheiten, die ich erkannt habe. Stattdessen, wenn es geht, meine guten Erfahrungen mit dem Abendmahl. Aber ich kann weitergehen:

- *Gott ist der Gastgeber; also gelten beim Abendmahl seine Bedingungen, es herrscht sein Klima, ein Klima der bedingungslosen Liebe.*
- *Die Kirche deckt nur stellvertretend den Tisch, lädt stellvertretend ein.*
- *Das Abendmahl erinnert an den Abschied Jesu von seinen Jüngern.*

- Das Abendmahl wird dadurch, dass der Geber selbst Gabe ist, dass der vergebende Gott Vergebung bedeutet, dass der befreiende Gott Freiheit vermittelt, dass der liebende Gott Liebe verströmt, zum Tisch der Freiheit und dadurch zum Tisch der Gemeinschaft, der Versöhnung und der Hoffnung.
- Das Teilen des Brotes ist Erfahrung von Gottes Liebe und Geschwisterlichkeit unter den Christen.
- Das Annehmen des Kelches ist die Annahme des Kreuzes und damit Nachfolge im Blick auf Ostern, auf den Sieg, auf die Freude und das neue Leben.
- Das Abendmahl als Tisch dieser unmittelbaren Gotteserfahrung wird dann zum Ausgangspunkt für Verständnisbildung, Versöhnung und neue Zeit in der Welt.
- Kelch und Brot sind nie für sich schon heilig oder göttlich, es sind weltliche Elemente, dazu bestimmt, die Erfahrung des anwesenden Gottes zu tragen. Kelch und Brot sind also Erfahrungsträger, Instrumente und gehören zum Abendmahl, wie das Wasser zur Taufe gehört.

Wenn ich diese Hinweissätze für mich durchdenke und durchglaube, werde ich frei von hindernden Bedenken, offen für das Geheimnis Gottes, liebenswürdig zu Menschen, die es vielleicht etwas anders sehen, aber insgesamt begeistert für die Ermutigung zum Frieden. Jetzt kann ich anfangen, meinem Kind davon zu erzählen. Es wird zuhören, wenn ich in meinen eigenen Worten ihm die Tür zum Sakrament des Altars öffne.

Mein Kind, als Jesus sich damals von seinen Freunden verabschiedete, setzte er sich mit ihnen an einen Tisch und feierte das Abendmahl, das von vielen Christen auch Eucharistie, das heißt Danksagung, genannt wird. Er teilte mit ihnen Essen und Trinken und wollte ihnen daran klar machen, dass er alles mit ihnen teilt: Tränen und Freude, Verzweiflung und

Hoffnung, Angst und Mut. Er sagte ihnen auch, dass er im-
mer dabei sein würde, wenn sie später allein Gottesdienst fei-
ern würden. Deswegen tun Christen das heute noch und
freuen sich darüber, dass Gott dann ganz nahe ist und seine
Liebe verschenkt, die für uns so wichtig ist, weil sie uns neuen
Mut gibt. Das schmiedet dann natürlich auch die Leute fester
zusammen, die das Abendmahl feiern.

Erzählen müsste ich jetzt von den Wochen der Vorbereitung, damals vor Ostern, in unserem Kindergarten. Die Leiterin war von
der Idee begeistert: Abendmahl feiern mit Kindergartenkindern
und Eltern. Ich dachte, es gäbe Vorbehalte, aber keiner der Eltern
hatte etwas dagegen und auch niemand aus dem Kirchenvorstand
hatte Einwände. Nun begann es: Die Gruppenleiterinnen erzähl-
ten die Abendmahlsgeschichte, ich kam öfter dazu und konnte
manches klären und erklären. Schließlich waren wir so weit:
Gründonnerstag, 17.00 Uhr in der alten Kirche. Kinder und Erwachsene hatten den Raum festlich geschmückt. Zusammen mit
dem Kirchendiener hatten wir kleine Tische in die Kirche gebracht und mit ihnen den Altar sozusagen nach beiden Seiten hin
verlängert. 80 Stühlchen standen um die Tische. Das Kirchen-
schiff war voller Eltern und Großeltern. Nach dem Glockengeläut
zogen wir mit den vielen Kindern zum Orgelspiel in die Kirche
und jedes Kind fand seinen kleinen Stuhl. Kurz gesagt: Wir feierten Abendmahl. Jedes Kind hatte einen Eierbecher vor sich, den
wir zum Kelch ernannten und die selbst gebackenen Brote lagen
auf dem Altar. Ich reichte den Erzieherinnen die Brote und Kan-
nen mit Traubensaft und sie bedienten die Kinder an ihren Ti-
schen, während ich zusammen mit Helfern Brot und Kelch zu den
Erwachsenen brachte, die zu beiden Seiten im Mittelgang standen
und mit offenen Händen und Herzen das Geschenk der Liebe in
Empfang nahmen.
　Nie zuvor und nie danach habe ich solch ein Abendmahl erlebt:

mit neuen Liedern und alten Texten, mit kleinen Menschen und großen Erwachsenen, mit so viel Andacht und so viel Freude, mit so viel Gebet und so viel Begeisterung.

Jesus sagt in seiner Bergpredigt:

Denkt nur nicht, dass ich die Gebote oder die Botschaft der Propheten für erledigt und ungültig erkläre. Mein Auftrag heißt: Erfüllung der Gebote und nicht Streichung.

Die Gebote werden gelten bis ans Ende aller Zeiten.

Wer sich dagegen stellt und die Gebote streichen will, der verliert Würde und Sinn des Lebens vor Gott.

Gott aber erkennt den Menschen an, der nach den Geboten lebt und anderen auf diesen Weg hilft.

(Nach Matthäus 5, 17–19)

Gebote

Kaum wird ein Kind je fragen: »Was sind die Gebote?« Aber wir bündeln mit der Fragestellung einmal alles, was mit Gott, seinem Namen, mit der Heiligung des Feiertags, mit Lügen, Stehlen und Ehebruch zu tun hat.

Die Kinderfrage scheint leicht; denn unser Alltag wimmelt von Geboten und Verboten. Als Erwachsener ertappe ich mich schnell dabei, mit Geboten und Verboten zu handeln: Lass die Hände davon – tritt nicht auf den Rasen – komm nicht zu spät nach Hause – lass das Wasser in der Dusche nicht solange laufen – beeil dich – pass auf dich auf – fahr nicht so schnell …!

Viele viele Anweisungen durchästeln den Alltag. Wenn sie ehrlich sind, kommen sie aus Liebe und Sorge und dienen dem Schutz des Lebens. Wenn es ganz kritisch wird und ich Angst um mein Kind habe, setze ich mich auf die Bettkante und sage:

Mein Kind, du weißt, wie lieb ich dich habe; so unendlich lieb, dass ich es nicht ertragen könnte, wenn deinem Leben etwas geschieht. Wenn du morgen mit dem Fahrrad unterwegs bist: Bitte, erinnere dich daran, wie lieb ich dich habe; denn dann wirst du auch aufpassen.

So oder ähnlich kann und werde ich mein Kind auf meine und seine Liebe verpflichten. Das geht natürlich nur, wenn ich auf die Erfahrung der Liebe zurückgreifen kann.

Neben diesen Erfahrungen gibt es unter uns Menschen aber auch die klaren Verbote, eine Welt von Drohungen:

Du sollst doch da nicht hin – wenn das noch einmal vorkommt, werde ich …!

Drohung, Strafandrohung, Liebesentzug, Machtentfaltung, Gewaltanwendung: Das alles findet statt in dem Rahmen, den wir dann leichtfertig Erziehung nennen. Daneben spielen aber auch Bestechung und Erpressung eine Rolle: Wenn du heute früh ins Bett gehst, dann bringe ich dir auch etwas Schönes mit.

Was wir Erziehung nennen, ist eine faszinierende Mischung von Druck, Drohung, Gewalt, Liebe, Versprechen, Alibihaltung, Sorge, Angst, Schwäche und Macht.

Ich weiß das alles, ich weiß es auch von mir. Und ich gäbe etwas darum, wenn alles idealer liefe. Aber da sind ja auch die Einflüsse von außen, die anderen Menschen, da sind die anderen Familienmitglieder, da sind die Medien, und vor allem: Da ist eben auch mein Kind, das offenbar meine Liebe oft gar nicht durchschaut, meine Macht nur zu oft erkennt, meine Drohungen oft genug erlebt, meine Schwächen deutlich sieht und selber ja soviel Eigenes mitbringt an Veranlagung, Mitgift und Entwicklung, dass ich manchmal nicht mehr weiter weiß.

In diesem gesamten Bereich spielen die Zehn Gebote eine erhebliche Rolle; denn sie sind längst eingewandert in die Substanz des Bürgerlichen Gesetzbuches; sie sind ebensosehr eingewandert in die allgemeine bürgerliche Moral und ihre Wertvorstellungen und dadurch natürlich auch in das Gesamtverhalten der großen Volkskirchen. Eben dadurch aber sind die Zehn Gebote zu Verbotsregistern geworden. Bei Übertretung folgt Strafe. Unter der Hand hat sich somit ein moralisches Gottesbild eingeschlichen: der rächende und strafende Gott als Großinquisitor hinter den Wolken. Wo es nicht ganz so dramatisch ist, da ist Gott entweder der eifersüchtige Gesetzeshüter und die Kirchen wurden zum Sheriff oder aber zum blassen guten Onkel, den man nur zu überlisten braucht, wenn man sich an das elfte Gebot hält: »Du sollst dich nicht erwischen lassen!«

Hinzu kommt, dass beinahe je nach Bedarf die Zehn Gebote bemüht werden: Am liebsten das fünfte: Du sollst nicht töten. Aber für dieselben Menschen gelten die anderen Gebote oft nur wenig, vor allem hapert es mit den ersten beiden. So nimmt es nicht wunder, dass die Gebote entweder als granitener Block angesehen werden, der unbenutzt irgendwo wie ein Ausstellungsstück behandelt wird, oder aber wie eine schreckeinflößende Gefängnisordnung, die nur einen winzigen Frei- und Bewegungsraum zulässt, und das auch nur unter Aufsicht. So ist der Christ entweder zum geduckten Scheuklappenträger geworden oder aber zum spitzbübischen Sünder, der alle Tricks und Ausreden beherrscht, um den Zehn Geboten ein Schnippchen zu schlagen.

Dabei stammen die Zehn Gebote aus einer Zeit, die vor 3000 Jahren und mehr einen Aufbruch aus der Wüste in eine neue Zukunft bedeutete. Umgeben von Religionen der Rache und Vergeltung, umgeben von Fruchtbarkeitskulten und Opferpraxis, stellten die Zehn Gebote eine derartig kühne und neue, ja reformatorische Erkenntnis dar, dass wir Heutigen uns kaum noch vorstellen können, welche Wirkung sie hatten.

Ich bin der Herr, dein Gott, du sollst nicht andere Götter haben neben mir.

Ein ganzes Volk erinnert sich mit diesem Bekenntnis an den Gott, mit dem die Freiheit kam. In jener Zeit, wo es am Himmel und auf Erden von Göttern wimmelte, ist solch ein Satz eine Zusage und Absage zugleich. Er bedeutet die Freiheit, sich in Glauben und Gewissen an den Gott zu erinnern, der das Leben schuf, und die Befreiung von Anspruchsgottheiten, die das Leben vernichten. Es ging um die Entlassung aus den menschlichen Gefängnissen, aus den Abhängigkeiten, aus den Besessenheiten und dämonischen Versklavungen.

Du sollst den Namen des Herrn, deines Gottes, nicht unnützlich führen; denn der Herr wird den nicht ungestraft lassen, der seinen Namen missbraucht.

Hier müsste ich mich darauf einlassen, was der Name Gottes bedeutet. Gottes Name ist für die Bibel Eröffnung, Offenbarung, Einblick in das Wesen, ist Hoheit, Majestät und gleichzeitig Nähe, Anrufbarkeit, Zuwendung, Hingabe, Vertrauensbeweis. Der Unaussprechliche spricht an und lässt sich ansprechen, obwohl keine Benennung ausreicht, um Gott auch nur annähernd zu erfassen. Den Namen Gottes unnütz führen, heißt: Gott missbrauchen.

Da für die Bibel der Mensch zum Namensträger Gottes berufen ist, ist Gottesmissbrauch immer zugleich Menschenmissbrauch, Lebensmissbrauch – und umgekehrt. Deshalb sind diese ersten beiden Sätze der Gebote so etwas wie eine feierliche Eröffnung, durch die klar gemacht wird, um welchen Gott es sich handelt. Die beiden ersten Sätze erinnern an den befreienden Gott und verpflichten den Menschen auf seine Liebe, weil das Herausfallen aus dieser Geborgenheit tödliche Folgen hat. So wurden die Zehn Gebote zur Magna Charta eines Wüstenvolkes. Warum sollten sie dann nicht zur Lebenssatzung in einer wüsten Gesellschaft werden können? Zu Richtschnur und Orientierung! Zu Leitfaden und Grundsatzerklärung!

Wenn ich genau in den alten hebräischen Text sehe, entdecke ich, dass es dort nicht heißt: Du sollst nicht, sondern: du wirst nicht. Und ich erinnere mich kurz an mein Bettkantengespräch:

Mein Kind, wenn du mich lieb hast, wirst du morgen mit dem Fahrrad nicht unvorsichtig sein.

Die Erfahrung der Liebe hat zur Folge, dass Gewissen und Bewusstsein sich entsprechend verankern, um ganz bestimmte Dinge zu tun, die dem Leben dienen, und ganz bestimmte Dinge nicht zu tun, die das Leben gefährden. Die

Zehn Gebote sind also nicht eine gesetzliche Bedingung und Bestimmung, mit deren Hilfe ich ein möglichst ordentliches Leben führe. Nein, die Zehn Gebote beschreiben die lebensbejahende Folge aus der Erkenntnis, dass Gott ein Gott des Friedens, der Freiheit und des Lebens ist.

– Dann werde ich also den Feiertag heiligen.
Es besteht Lebensgefahr, wenn ich keine Zeit für Gott finde. Es besteht Lebensschutz, wenn ich zum Hören, Beten, Singen, zur Verinnerlichung und Hinwendung finde.

– Dann werde ich also Vater und Mutter ehren. Es besteht Lebensgefahr, wenn ich mich aus meinen Herkünften verabschiede oder sie verachte. Es besteht Lebensschutz, wenn ich meine Lebenskreise annehme, kritisch erlebe, ja liebe und bejahe.

– Dann werde ich also nicht töten. Morden heißt es genau genommen.
Es besteht Lebensgefahr, wenn ich Leben gefährde oder zerstöre. Es besteht Lebensschutz, wenn ich Wert und Würde des Lebens achte und in Ehrfurcht zu denen gehöre, die Leben behüten.

– Dann werde ich also nicht ehebrechen.
Es besteht Lebensgefahr, wenn ich Bindungen der Liebe gefährde, untergrabe oder zersetze. Es besteht Lebensschutz, wenn ich die Geschenke von Liebe und Zuneigung mit Treue in Obhut nehme.

– Dann werde ich also nicht stehlen.
Es besteht Lebensgefahr, wenn ich mich an fremdem Gut vergreife. Es besteht Lebensschutz, wenn ich Eigentum respektiere.

– Dann werde ich also nicht falsch Zeugnis reden wider meinen Nächsten.
Es besteht Lebensgefahr, wenn ich mit Lügen oder Halbwahrheiten umgehe. Es besteht Lebensschutz, wenn ich mich auf die Seite der Wahrheit schlage.

– Dann werde ich also nicht begehren meines Nächsten Haus.

Es besteht Lebensgefahr, wenn ich mich Neid und Eifersucht verschreibe. Es besteht Lebensschutz, wenn ich zum Rechtshüter werde und Lebensrechte sichere.

– Dann werde ich also nicht begehren meines Nächsten Weib, Knecht, Magd, Vieh oder alles, was sein ist.

Es besteht Lebensgefahr, wenn ich sinnvolle Lebensgeflechte egoistisch gefährde. Es besteht Lebensschutz, wenn ich zum Anwalt der Menschen werde.

Lebensgefahr ist allseitig. Wo Lebensgefahr besteht, droht Gottesverlust. Wo Gottesverlust droht, droht Sinneinbuße.

Wo Gottesbeziehung lebt, herrscht Lebensschutz; wo Lebensschutz herrscht, leben Sinn und Hoffnung.

Mein Kind hatte gefragt. Ich habe mich vertieft. Die Zehn Gebote sind jetzt zu Leitplanken geworden. Jetzt kann ich meinem Kind antworten, weil ich ihm zunächst von Gott erzählen werde, der das Leben liebt, sodass die Gebote die Folge aus solcher Liebeserklärung auf Gegenseitigkeit sind.

Mein Kind, auf manchen Flaschen in der Apotheke siehst du einen Totenkopf: Tödliches Gift. An vielen Strommasten siehst du ein Schild: Lebensgefahr. Also Gefahr für das Leben. Die Zehn Gebote sind solche Hinweisschilder, die Gott seinen Menschen sagen ließ, damit wir wissen, wann Lebensgefahr besteht und was tödliches Gift bedeutet. Denn Gott, der alles Leben gemacht hat, weiß am besten, wann Gefahr besteht: beim Stehlen, Lügen, Töten, Ehebrechen, böse reden usw. Deshalb gibt es die Gebote.

Wer Gott liebt, wird das Leben nicht zerstören.

Ich bin Ombudsmann für Kinder, also ein Mensch, der für Kinder da ist, die in Not oder allein sind, die schwere Träume haben oder ganz viel Angst, die geschlagen oder missbraucht werden, die arm oder krank sind. Solch ein Mensch bin ich, 66 Jahre alt mit weißen Haaren und einem riesigen Neufundländer; er ist ein schwarz-weißer Hund, wie es sie bei den Indianern gab und gibt, er heißt Pan Tau und sieht aus wie ein großer Teddybär. Dadurch hilft er mir bei den vielen Kindern, die mich brauchen. Ich erlebe, dass viele Kinder viel weinen, oft sehr traurig sind, nicht mehr wissen wohin und in ihrer Verzweiflung sogar zu Schnaps und Tabletten greifen. Ich wollte das mit diesen Sätzen nur einmal andeuten; denn das alles hat einen einzigen Grund: die verlorenen Zehn Gebote und die Verachtung der Liebe.

Da müsste die Erwachsenenwelt dringend umdenken und umlernen. Ich hoffe, dass viele Kinder das zusammen mit ihren Eltern schaffen.

Der Apostel schreibt:

Ich bete zu Gott, dem Vater aller Menschenkinder in Zeit und Ewigkeit:

Er möge euch Kraft schenken aus der Fülle seiner Wunder, damit eure Seele weit und reich wird durch Gottes Nähe.

Christus möge in euren Herzen ein Zuhause finden durch euren Glauben; denn dann seid ihr in der Liebe verankert und verbunden.

Dann könnt ihr mit allen Christen erkennen, welche Dimensionen euch der Glaube erschließt: die Vergangenheit, die Zukunft, die Gegenwart und die Beziehung zu Gott.

Ihr werdet dann auch die unvergleichliche Liebe Christi erkennen, die größer ist als alles, was wir verstehen, weil sie Gott spiegelt.

Unserm Gott, der alle menschliche Vernunft übersteigt und väterlich an uns handelt mit den Kräften, die er uns spendet, unserm Gott gilt unser Dank in der Gemeinde und unser Lob in unseren Gottesdiensten jetzt und allezeit im Namen Christi.

Amen.   (Epheser 3, 14–21)

Kirchenjahr

Wenn mein Kind mich fragt: »Was ist Pfingsten, Ostern, Weihnachten oder so …?«, dann fragt es mich nach dem Kirchenjahr. Hierzu müsste ich ein ganzes Buch lesen; denn es geht mich unmittelbar an, was mein Kind wissen will: Ich feiere ja jährlich mindestens die großen Feste selber, vielleicht mehr oder weniger bewusst, aber ich feiere sie.

Für ein Kind entsteht die Frage zunächst aus äußerlichen Eindrücken, auch durch Gerüche und Geräusche, wobei ich hauptsächlich an Advent und Weihnachten denke.

Bei einem schnellen Überblick über den Kalender stelle ich fest, dass die Kirchenjahreszeiten beinahe eingeebnet sind. Reiter veranstalten an Karfreitag Turniere, Ausflügler genießen Ostern mit Lämmern auf der Weide und gutem Wetter, Pfingsten trifft man sich im Grünen, und Christi Himmelfahrt wird vollends zum Vatertag degradiert.

Wenn man bedenkt, welch hoher Prozentsatz sich in unserem Land zu den Christen zählen lässt – und ich selber gehöre dazu –, dann ist es schon überraschend, wie flach das Verhältnis zum Kirchenjahr geworden ist. Manche der großen Tage tragen zwar noch Volksfestcharakter und stellen eine Art Touristenattraktion dar, aber der tiefe Sinn geht immer mehr verloren. Die Industrie tut ihr Übriges, indem sie die Symbole der Feste vermarktet. Und so wird in der Werbung durch die Stimme eines britischen Altstars Ostern eigentlich mehr mit gutem Kaffee verbunden als mit einem Glauben an den Auferstandenen. Deutschland, deine Familienfeste!

Aber solche Beobachtungen sind kein Anlass zur Klage. Immerhin fühlen sich viele Menschen wohl, wenngleich auch viele über die Festhektik und den Finanzzwang jammern.

Wenn nun mein Kind mich fragt, stehe ich erst einmal vor der Frage, ob ich selber zu diesen Konsumchristen gehöre, die sich dabei wohlfühlen, oder ob ich mir Reste, gleichsam Oasen der wirklichen Bedeutung, bewahren konnte, oder ob ich gern zu denen gehören will, die das Kirchenjahr entrümpeln wollen. Wie gesagt: Ein ganzes Buch gehörte dazu. Deshalb können es hier nur Hinweise sein.

Wenn von Entrümpelung des Kirchenjahres die Rede ist, dann muss man auch wissen, dass das alte Kirchenjahr weithin zur kirchlich-religiösen Deponie geworden ist. Was lud man da alles ab und auf allein an Zwängen, Dunkelheiten, Disziplin, Verboten, Regeln, Ängsten. Wenn man nur an das denkt, was man zu bestimmten Zeiten nicht durfte! Darunter hatte das Kirchenjahr schwer zu leiden und verführte auf diese Weise zu Heimlichkeiten und religiösem Betrug und viele Christen, die es durchaus ernst meinten, wandten sich mit Schaudern ab.

Dabei ist das Kirchenjahr eigentlich nichts anderes als das Bilder- und Textbuch der Liebe Gottes. Da wir Menschen aber nicht anders können, als Bücher nacheinander, Seite für Seite, zu lesen oder auch Erlebnisse nacheinander zu erleben, Worte nur nacheinander zu sprechen und nicht alles zugleich, darum ist das Kirchenjahr eine barmherzige Breitleinwand, auf der über das Jahr verteilt die Stationen des Glaubens, seine Einsichten und Bekenntnisse entfaltet werden.

Advent bedeutet das Wissen und die Erinnerung, dass Gott zur Welt gekommen ist, und das Vertrauen darauf, dass Gott kommt und die Zukunft weit aufmacht. Christen besinnen sich in dieser Zeit besonders darauf und halten dankbar Einkehr.

Weihnachten ist das strahlende Geburtstagsfest Gottes und

Zentrum der Offenbarung. Christen erinnern sich, freuen sich und erklären sich bereit, dass Gott im eigenen Herzen zur Welt kommen kann.

Epiphanias ist eine Zeit des Bekenntnisses. Christen und Gemeinde besinnen sich auf die Wahrheit des Wortes Gottes und erklären sich bereit, selber zu Verkündigungsträgern zu werden.

Passion ist die Zeit der dankbaren Verinnerlichung des Leidens Christi und führt zur Erkenntnis von Kreuz, Vergebung und Versöhnung.

Gründonnerstag erinnert an Abschied und Schmerz, gleichzeitig aber an die Einsetzung des Abendmahls und vertieft damit das sakramentale Leben der Kirche und die befreiende Hoffnung der Christen.

Karfreitag ist das Datum der Vollendung, ein Tag tiefer Trauer und herrlicher Vergewisserung von Frieden.

Ostern ist das Fest des Sieges, strahlender Rückgriff auf den Anbruch der neuen Zeit und kühner Vorgriff auf das neue Leben. Der Glaube an den Auferstandenen wird zum Glauben an die Auferstehung.

Himmelfahrt hängt eigentlich mit Ostern zusammen und bedeutet ursprünglich das Bekenntnis zur Vollmacht Christi.

Pfingsten ist das Geburtstagsfest der Kirche, Erinnerung an die Spendung des Geistes Gottes und Aufbruch zur Begeisterung für seine Sache.

Ewigkeitssonntag ist ein Tag gebündelter Trauer, intensiver Hoffnung, geschwisterlicher Fürbitte und der Gewissheit der Überwindung.

Viele weitere Feste, besondere Tage, konfessionsspezifische Anlässe und Feiern prägen das Kirchenjahr darüber hinaus. Ein beinahe unübersehbarer Reichtum, auch ein Reichtum an Kunst in Gestaltung und Musik, ein Reichtum an Sitten und Bräuchen und ein Reichtum an Erkenntnissen und Innerlichkeit ist auf dem Boden des Kirchenjahres gewachsen. Das Kirchenjahr ist wie eine lebendige Bühne, auf der der Christ selber zum Dar-Steller, zum Dar-Bringer der Inhalte wird.

Ob mein Kind das alles wissen will? Vielleicht nur nach und nach. Mehr wäre ihm damit gedient, wenn es das Kirchenjahr erleben kann, von innen nach außen, lebendig und unverbogen.

Es könnte Spaß machen, das Kirchenjahr zu malen: Man zeichnet einen Kreis, zieht eine waagerechte Mittellinie und fängt dann mit Advent an.

Übrigens, jede Zeit im Kirchenjahr hat eine Farbe: Advent: violett; Weihnachten: weiß; Epiphanias: grün; Passion: violett; Gründonnerstag: weiß; Karfreitag: schwarz; Ostern: weiß; Himmelfahrt: weiß; Pfingsten: rot; Ewigkeitssonntag: weiß.

Die Farben kann man am Rand eintragen. Die Zeit zwischen Pfingsten und Ewigkeitssonntag heißt Trinitatiszeit, erinnert also an den dreieinigen Gott und hat die Farbe grün.

Religionslehrer oder Pastoren werden hierbei sicher gern helfen.

Oder aber: Ihr kauft einen Kalender, in dem sich nur das Zahlenwerk befindet. Sonst ist er leer. Nun sammelt ihr Kunstpostkarten, die zur Kirchenjahreszeit passen. Das macht ganz schön Arbeit. Aber in Buchhandlungen und Kirchen lässt sich so etwas finden. Dabei entdeckt man eine Fülle alter Symbole, die eine Bedeutung haben.

Die Karten werden dann in den Kalender geklebt und schon ist ein herrliches Weihnachtsgeschenk fertig.

Es gibt Menschen, die ihre Mitmenschen gern im falschen Augenblick kritisieren. Besser wäre es, den Mund zu halten. Wenn schon, dann sollte Kritik offen sein. Nur nicht inneren Unrat speichern.

Es gibt leise und wortkarge Menschen, bei deren Schweigen man sich wohl fühlt. Es gibt Vielredner und Wortgewandte, bei deren Redefluss man eine Gänsehaut bekommt.

Ein verständiger Mensch wartet auf den richtigen Augenblick.

Wer viele Worte macht, ohne etwas zu sagen, erntet Ablehnung.

Wer sich mit vielen Worten in Szene setzen will, züchtet sich Feinde.

(Aus und nach Sirach 20)

Religiöse Gespräche

Wenn ich die Fragen von Kindern im Familienkreis, in der Mitarbeiterschaft, in der Klasse oder im Kollegium besprechen will, gibt es besonders viele Hindernisse. Themen wie Geld, Politik, Sex, andere Menschen oder Arbeit werden oft besprochen. Darüber kann man sich dann auch streiten. Es gibt kaum noch Tabuzonen. Bei religiösen Themen ist das weithin anders. Vielleicht liegt das auch daran, dass solche Themen ans Grundsätzliche, ans Leben und ans Sterben gehen.

Die größten Hindernisse aber stellen in der Regel die Gesprächspartner dar:

Ich denke an die penetranten *Rechthaber,* die schon vor Beginn wissen, was am Ende herauskommen soll. Solche Menschen verbinden mit einem Gespräch viel Imagepflege und berufen sich ständig auf Lesefrüchte und Erfahrung. Sie kann man nicht überzeugen, sondern nur zurechtlieben.

Ich rede auch von den so genannten *Realisten,* für die nur die Wirklichkeit zählt. Aber sie selbst bestimmen, was Wirklichkeit ist. Solchen Menschen kann man nichts beweisen; man kann sie nur durch Erlebnisse befreien.

Ich denke an die *Leisetreter,* die anderen nach dem Maul reden, um dafür Lob und Anerkennung zu finden und sich im Schutz der vermeintlich Stärkeren zu suhlen. Solche Menschen kann man nicht zwingen; man kann ihnen lediglich vom Selbstbewusstsein erzählen.

Ich rede von den *Scheuklappenträgern,* für die jede andere

Ansicht oder Erkenntnis Qual und Bedrohung bedeutet. Solche Menschen kann man nicht einfach gewinnen; man muss sie einladen, damit sie sich trauen, neue geistige Räume zu betreten.

Ich denke an die *Eiferer,* die Publikum brauchen und mit geblähten Nüstern und vorgeneigtem Oberkörper die Situation beherrschen wollen. Solche Menschen kann man nicht einfach stoppen; man sollte ihnen das Zuhören erleichtern, indem man ihnen den Mund stopft, und zwar mit dem, was sie am liebsten essen. Vielleicht mit Erdnüssen.

Ich rede von den *Fanatikern,* die Mission um jeden Preis treiben und sich zum Schrecken ihrer Umgebung um nichts anderes kümmern als um die eigene Position. Sie verbreiten Ketzerhut- und Scheiterhaufenatmosphäre und sind eitel vom Scheitel bis zur Sohle. Solche Menschen kann man nicht überreden; man muss sie behutsam von ihren Minderwertigkeitskomplexen befreien.

Ich denke an die *Gelangweilten,* deren Seele verspeckt ist und alles an sich abgleiten lässt, was sie vielleicht betreffen könnte. Solche Menschen kann man nicht einfach motivieren; man muss sie begeistern.

Ich rede von den *Besserwissern,* die man an der Unfähigkeit zu lachen erkennt. Sie sind die gewohnheitsmäßigen Einordner und Gesprächsstrategen, in deren Nähe einem die Luft zum Atmen ausgeht. Solche Menschen kann man nicht einfach ändern; man muss sie überraschen.

Ich denke an die *Smarten,* denen keine Situation zu heikel, kein Gespräch zu kompliziert ist. Wie geölt nehmen sie Gesprächsfetzen auf, um sie Minuten später geschickt verpackt als ihre eigenen Gedanken anzubringen. Solche Menschen kann man nicht festhalten; man muss sie argumentativ überholen.

An diese alle und andere mehr denke ich, wenn ich die Schwierigkeit religiöser Gespräche bedenke. Diese Elemente und Faktoren im Menschen sind selten gezielte Bösartigkeit, sondern meistens Mitgift, Gewohnheit, Tradition, Selbstschutz, Veranlagung, Erfahrung, Erziehung, Angst, Empfindlichkeit, Enttäuschung und führen zu Hochmut, Herrschaft, Machtanspruch, Angeberei und Bitterkeit. Oft genug leiden solche Menschen darunter selber am meisten.

Wenn es dagegen um Leise, Geängstigte, Kleine, Suchende, Zaghafte, Zärtliche, Ringende, Schweigende und Unwissende geht, dann sind diese Menschen hoffnungslos zum Scheitern verurteilt, wenn es zu religiösen Gesprächen kommt. Da werden stereotype Duftmarken gesetzt, Drohgebärden angewendet, oder die Summe des Wissens wird gekoppelt mit der Masse der Erfahrung und rückt an die Stelle von Offenheit und Argument.

Doch gerade das religiöse Gespräch setzt das Wesen der Liebe voraus: den Takt, die Geduld, die Toleranz, die Behutsamkeit; denn die Liebe begleitet, fördert, freut sich mit, begegnet, bejaht, findet Gefallen, hilft weiter, sucht Wahrheit und ergänzt zur Gemeinschaft.

So sollten religiöse Gespräche auf der Grundlage des 13. Kapitels aus dem 1. Korintherbrief im Neuen Testament geführt werden, wo es am Schluss heißt, dass die Liebe die größte unter allen guten Kräften des Menschen ist, ja dass sie sogar Glauben und Hoffnung übertrifft.

Hier können wir Erwachsenen viel von Kindern lernen, falls diese noch nicht zuviel von uns gelernt haben. Wenn das möglich wäre, würden wir genau um das reicher, was Jesus mit Himmelreich kennzeichnet.

Religiöse Gespräche sind wesentlich für religiöses Erleben. Sie sind aber nur möglich durch und in Vertrauen. Gerade dies werde ich von meinem Kind lernen können und dann ist der Schritt nicht mehr weit, bis ich selber mitten drin bin im dreifachen Gespräch: mit Gott, mit den Menschen und mit der Schöpfung.

Wir waren einmal mit einer Jugendgruppe in Taizé. Dort leben evangelische Mönche in einer Bruderschaft. Abgesehen von allen Ideen und Eindrücken, Begegnungen und Erlebnissen bekamen wir mit, wie ein religiöses Gespräch auch geführt werden kann:

Keiner redet zum zweiten Mal, bevor nicht jeder zum ersten Mal gesprochen hat.